CATALOGUE D'ESTAMPES

ANCIENNES ET MODERNES,

LITHOGRAPHIES,

ALBUM, RECUEILS DE PORTRAITS, VOYAGES PITTORESQUES, ETC.,

PIÈCES D'ÉCRITURES DE MAÎTRES CÉLÈBRES, ET AUTOGRAPHES DE PLUSIEURS ARTISTES.

CATALOGUE D'ESTAMPES

ANCIENNES ET MODERNES,

LITHOGRAPHIES,

ALBUM, RECUEILS DE PORTRAITS, VOYAGES PITTORESQUES, ETC.,

PIÈCES D'ÉCRITURES DE MAÎTRES CÉLÈBRES, ET AUTOGRAPHES DE PLUSIEURS ARTISTES;

Recueillis par Le Blanc, ancien imprimeur

PAR DUCHESNE AÎNÉ.

La Vente aura lieu du 16 au 21 Juillet 1827, à six heures du soir, dans la Salle n.° 3, dite Maccarthy, à l'Hôtel de Bullion, rue J.-J. Rousseau, n.° 3.

Il y aura exposition les matins, de une heure à trois.

LE CATALOGUE SE DISTRIBUE A PARIS,

CHEZ M. LETOFFÉ, Commissaire-Priseur, rue Montmartre, N.° 95.

1827.

AVIS.

M. Le Blanc. ancien imprimeur

L'AMATEUR qui avait formé cette Collection pour son amusement, ayant trouvé qu'elle lui prenait trop de place et trop de temps, s'est déterminé à en vendre une grande partie : il se trouve peu d'Épreuves avant la lettre; mais plusieurs Épreuves, quoique dans l'état ordinaire, sont très-remarquables par leur beauté, leur parfaite conservation, et aussi par la fraîcheur et la grandeur de leurs marges : c'est ce qu'on peut voir avec le plus d'étonnement aux articles de Callot, d'Édelinck, de Bruyn, Nanteuil, etc.; les Épreuves d'Estampes modernes sont des premières, ayant toujours été acquises au moment de leur publication : cependant quelques-unes sont défectueuses, et nous avons eu soin de l'indiquer; il se trouve aussi des Épreuves avec remarque, dont l'une des plus curieuses est la revue du Carrousel, avant que la planche ait été réduite et coupée à la hauteur du dôme des Tuileries. Quelques-unes des Lithographies de Charlet sont devenues rares, ainsi que plusieurs Album, ou au-moins il est difficile d'en trouver de bonnes épreuves.

Nous croyons aussi devoir appeler l'attention des Amateurs sur une Collection assez curieuse de Modèles d'Écritures par les meilleurs Maîtres, tels que Allais, Rossignol, Gallemand et Dessalles. Enfin il s'y trouve une Collection très-précieuse de Manuscrits de la main de P.-J. Mariette, ainsi que plusieurs Lettres autographes, dont plusieurs sont d'Artistes célèbres, et ont été adressées, soit à lui, soit à Langlois dit *Ciatres* ou *Chartres*, son ayeul maternel.

ORDRE DES VACATIONS.

I.re VACATION.

Lundi 16 *juillet* 1827.

Lithographies, n. 181 à 241.
Livres à figures, n. 346 à 359.
Topographie, n. 408 à 417.
Vignettes, n. 451 à 459.

II.e VACATION.

Mardi 17 *juillet*.

Estampes, n. 91 à 100.
Lithographies, n. 242 à 285.
Principes de dessins, n. 360 à 369.
Topographie, n. 418 à 437.
Vignettes, n. 460 à 467.

III.e VACATION.

Mercredi 18 *juillet*.

Estampes, n. 101 à 140.
Lithographies, n. 286 à 305.
Livres à figures, n. 370 à 380.
Topographie, n. 438 à 450.
Diverses, n. 468, 469, 474 à 481.

IV.e VACATION.

Jeudi 19 *juillet*.

Estampes, n. 141 à 180.
Lithographies, n. 306 à 337.
Portraits, n. 381 à 399.
Diverses, 470 à 473.

V.e VACATION.

Vendredi 20 juillet.

Estampes, n. 1 à 41.
Lithographies, n. 338 à 345.
Portraits, n. 400 à 407.
Pièces d'Écritures, n. 483 à 492.
Autographes, n. 504 à 532.

VI.e VACATION.

Samedi 21 juillet.

Estampes, n. 42 à 90.
Pièces d'Écritures, n. 493 à 503.
Autographes, n. 533 à 564.

CATALOGUE
D'ESTAMPES.

RAIMONDI (Marc-Antoine), *né à Bologne vers* 1488.

1 Dieu apparaissant à Noé et lui ordonnant la construction de l'Arche, d'après Raphaël, n.° 4 (*). *Cette pièce est rognée.*

2 David coupant la tête à Goliath, d'après Raphaël, n.° 5; épreuve avec le chiffre de Marc-Antoine, mais avant l'adresse de Van Aelst.

MUSIS (Augustin), *né à Venise vers* 1490.

3 Abraham prêt à sacrifier Isaac, n.° 5. Isaac bénissant Jacob, n.° 6. I.er état. Mort d'Ananie, n.° 42. 3 pièces d'après Raphaël.

BONASONE (Jules), *né à Bologne en* 1498.

4 Les Animaux sortant de l'Arche, d'après Raphaël, n.° 4. Le Frappement du Rocher, d'après F. Mazzuoli, n.° 5. 2 pièces.

ÉCOLE DE MARC-ANTOINE.

5 Saint George, d'après Jules Clovio, n.° 12. Joseph expliquant les songes à ses frères, d'après Raphaël, n.° 9; *un des angles est déchiré.* La Résurrection de J.-C., par J. B. Cavalleriis, plusieurs copies. 8 pièces.

PENCZ et autres petits Maîtres.

6 Sacrifice d'Abraham, n.° 5. Job et ses Amis, n.° 7. Deux

(*) Ce N.° et les suivans sont ceux du *Peintre-Graveur*, par Bartsch.

sujets de l'Histoire de Joseph, n.os 11 et 12. Virgile surpendu à la fenêtre, n.o 87. 5 pièces par Pencz. Ève debout, n.o 12. Deux sujets de l'Histoire de Loth, n.os 14 et 17; trois pièces par Aldegraver. Samson déchirant un lion, par le maître au monogramme S. G. Alion; *pièce non décrite* par Bartsch. Une femme couchée vue par le dos, n.o 215, de Hans Sebald Beham, original et copie. Portrait de Jean de Hennenberg, abbé de Fuldo, n.o 23, de Hans Brosamer. Abraham allant en Mésopotamie, gravé par Théodore de Brye. En tout 14 pièces.

FRANCO (JEAN-BAPTISTE), *né à Udine vers* 1498, *mort en* 1561.

7 Le Déluge universel, pièce attribuée à Polydor de Caravage, par Bartsch, qui apparemment a vu une épreuve sans nom d'artiste; voyez *Peintre-Graveur*, tome XVI, p. 155. Moïse frappant le Rocher, Bartsch, n.o 2. II.e état. Le Passage de la Mer-Rouge, grav. par Horace Farinati, d'après Paul. 3 pièces.

VOSTRE (SIMON).

8 Miniatures sur vélin, rehaussées d'or, sur des gravures en bois, tirées d'un livre d'heures de Simon Vostre. 8 pièces, collées en plein sur deux cartons.

SUAVIUS et autres.

9 St. Paul assis, *très-belle épreuve*. Deux copies d'Adam et Ève, d'après Albert Durer : l'une par J. Wierx, l'autre par un vieux maître anonyme; pièce *très-rare*, mais très-défectueuse.

COCK (JÉRÔME), *né à Anvers en* 1509.

10 Histoire des Patriarches : Abraham, Isaac et Jacob; suite de 20 Paysages en large; deux autres Paysages, *très-belles épreuves*. 22 pièces.

GHISI (George), *né à Mantoue vers* 1520, *mort vers* 1580?

11 La Dispute du Saint-Sacrement, d'après Raphaël, grande pièce en deux feuilles, n° 23. L'Ecole d'Athènes, d'après Raphaël, gr. pièce en deux feuilles, n.° 24; *très-belle épreuve*, avec quelques légères déchirures et deux trous mal restaurés. 3 pièces.

GHISI et autres.

12 Sainte Catherine, par Adam Ghisi, n.° 7. Saint-Michel, d'après Raphaël; d'autres pièces par des maîtres italiens, parmi lesquelles il s'en trouve plusieurs avec des monogrammes dont la signification n'est pas connue. 8 pièces.

LOSNE (Étienne de), *né à Orléans en* 1520.

13 Suite de sujets de l'Ancien Testament, 30 p. carrées en larg. Autre suite incomplète en ovale, 8 p. Partie des OEuvres de Miséricorde, 5 p. Ornemens arabesques, 6 p. Le Serpent d'airain, grande pièce en long. En tout 50 pièces.

PAS (Crispin Van), *né en Zélande vers* 1536.

14 Sainte Catherine en prison, d'après A. Braun; *très-belle épreuve*. Portraits des Cardinaux de Richelieu et de Carlille. 3 pièces.

CORT (Corneille), *né à Horn en* 1536, *mort à Rome en* 1578.

15 Deux sujets de l'Histoire de Loth, d'ap. Franc Floris; saint Laurent, d'après Titien; saint Hubert, saint Jérôme et sainte Magdeleine, d'après Mucian; saint Étienne, d'après Marcelli; saint George, d'apr. Clovio, etc. 18 pièces.

THOMASSIN (Philippe) et autres.

16 Différens sujets, dont : Martyre de saint Étienne, de sainte Appoline, de saint Grégoire, pape, etc. 7 pièces.

VAL (Marc du), *France*, 1550?

17 Portraits en pied des trois frères Odet, Gaspard et François de Colligny; *pièce rare*, gravée en 1579; *très-belle épreuve*, dont un angle a été déchiré et mal restauré. Une pièce.

GAULTIER (Léonard) et autres.

18 Portraits de Charles de Bourbon, cardinal, archev. de Rouen, et de son neveu le cardinal de Vandosme; Pierre de Gondy, Jacque Amyot, *très-belle épr.* Pierre du Châtelet, par P. Woeriot, *belle épreuve. bien conservée.* Le cardinal de Guise, le cardinal de Birague, etc., par divers. En tout 17 pièces.

CARRACHE (Augustin) et autres.

18 Suite des Apôtres, n.os 48 à 62, manque le n.o 55. Sainte Catherine, n.o 64. Deux saints Jérôme, n.os 72 et 73. Deux saintes Magdeleine, n.os 80 et 81. Le Martyre de sainte Justine, d'après Paul Véronèse, deux grandes planches, n.o 78. Communion de St. Jérôme, par Lejuge, d'après Augustin Carrache. Sainte Magdeleine, gravée par Annibal Carrache, n.o 16. Saint Jérôme, par Briggi, d'ap. Jérôme Mucian. 19 pièc.

ALBERTI (Chérubin), *né à Borgo Sansepulcro en* 1552.

20 Création d'Adam, n.o 1, II.e état. Adam et Ève travaillant, n.o 3, II.e état. Sacrifice d'Abraham, n.o 4. II.e état. Les Israëlites ramassant la manne, n.o 5, II.e état. Saint Philippe Benizzi, n.o 42. *très-belle*

épreuve d'une parfaite conservation. Saint Jérôme, n.° 54, *belle épreuve.* Saint Paul renversé sur la route de Damas, n.° 57; épreuve avec l'adresse de Nic. Van Aelst, *état inconnu* à Bartsch. Sainte Christine, n.° 61. Sainte Magdeleine, n.° 63, *très-belle épreuve.* Fragment du Jugement dernier de Michel-Ange, n.° 71. 10 pièces.

TEMPESTA (Antoine), *né à Florence en* 1555.

21 Dieu créant les animaux, n.° 1. Divers sujets de l'Ancien Testament, n.os 15 à 32, *suite incomplète.* Bataille des Hébreux contre les Amalécites, n.° 234, grande planche en deux feuilles. 19 pièces.

ANDRÉA (Nicolas), *né à Ancône en* 1556.

22 Portrait de Gilles de Noailles, ambassadeur de France près de Sélim et Amurat, gravé à Constantinople en 1578; *pièce rare, non décrite par Bartsch.* L'original et une copie. 2 pièces.

GOLTZIUS (Henri), *né à Mulbrecht en* 1558.

23 Manué et sa Femme, à qui l'Ange annonce la naissance de Samson. Sara, Rébecca, Sisara à mi-corps, etc. Saint Antoine, saint Jérôme, d'après G. Palma, et la Magdeleine à mi-corps, gravée par Mathan, d'ap. Goltzius. 8 pièces.

MULLER (Les), Greuter et autres.

24 Loth et ses Filles; saint Sébastien; Naufrage de saint Paul, par Muller; Joseph fuyant la femme de Putiphar; Tombeau d'Adrien VI et de Sixte V, par Greuter, etc. 11 pièces.

VILLAMENA (François), *né à Assise vers* 1566.

25 Différens sujets, dont : le Serpent d'Airain, d'après

F. Fensonius; sainte Magdeleine à genoux; Victoire de Ferdinand de Castille, en 1017. etc. 5 pièces.

BRUYN (NICOLAS DE), *né à Anvers, vers* 1570.

26 L'Age d'or, d'après Abr. Bloëmaert, *pièce capitale de ce maître. Belle Epreuve*, avec quelques taches jaunes dans le papier.

27 Adam et Eve; David venant de couper la tête à Goliath; deux Scènes de l'histoire de Balaam; Saint Hubert, Moïse sauvé, Samson déchirant un Lion, et le Sacrifice d'Abraham, d'après Coninxloo. Miracle opéré sur le Tombeau de saint Jacques, d'après Lucas de Leyde. Une Tête de Josué. 13 pièces.

SADELER (RAPHAEL), *né à Bruxelles vers* 1560 ?

28 Vies des Pères du Désert. 105 pièces.

SADELER (JUSTE), *né à* *vers* 1580.

29 Vies des Femmes anachorètes; 1621. *Suite incomplette*. 15 pièces.

SADELER (Les).

30 Saint Christophe, saint Sébastien, sainte Magdeleine, et deux Portraits, par Gilles Sadeler; Samson, saint Antoine, saint George, saint Onuphre, sainte Magdeleine, et un Portrait, par Raphaël Sadeler; saint Jérôme, par Juste Sadeler; la Pentecôte, par Marc Sadeler, etc. 15 pièces.

RUBENS (PIERRE-PAUL) et autres.

31 Divers Sujets, dont Job et ses Amis; Rencontre de Jacob et d'Esaü; saint Paul aveuglé, etc. 6 pièces.

BOLSWERT (BOECE DE), *né à Bolswert vers* 1580.

32 Les Ermites du Désert, d'après Bolswert, suite complette; les Saintes Femmes, d'après le même, suite incomplette. 40 pièces.

WYNGAERDE (François Vanden), *né à*

33 Plusieurs Portraits de Cardinaux : suite in-8°. 36 pièc.

SCHIAMINOZZI (Raphael), *né à Borgo di san Sepolcro vers* 1580.

34 La Pentecôte, n.° 50 ; quatre Saints, d'après Lucas de Leyde, n.os 55, 89, 95 et 96. Suite des Apôtres, têtes de grandeur naturelle : *non décrites* par Bartsch. Autre suite de Têtes d'Apôtres, aussi de grandeur naturelle, gravées en Italie, dans le XVII.e siècle. 32 pièces.

VORSTERMAN (Lucas), *né à Anvers, vers* 1580.

35 Loth et ses Filles sortant de Sodome ; Job et sa Femme ; la Magdeleine, d'après Rubens. 3 pièces.

36 Portrait de Claude Maugis, abbé de Saint-Ambroise de Bourges et aumônier de la Reine Marie de Médicis, d'après Champagne ; 1630.

Ce portrait est d'autant plus curieux, qu'il est celui du plus ancien amateur d'estampes : sa collection ayant passé dans les mains de Delorme, médecin de la reine, à la mort de celui-ci une partie vint dans le cabinet de l'abbé de Marolles, qui fut acheté par le Roi en 1666.

CALLOT (Jacques), *né à Nancy en* 1593.

37 Martyres des Apôtres, petite suite complette ; plusieurs Saints et Saintes, dont saint Paul, saint Mausuet ressuscitant un enfant ; le Martyre de saint Sébastien : *toutes anciennes et très-belles Epreuves ;* plusieurs avec de grandes marges. 26 pièces.

RIBERA (Joseph), *né à Gallipoli vers* 1593.

38 Saint Jérôme lisant, n.° 3 ; saint Jérôme et l'Ange, n.° 4 : *rare ;* saint Jérôme, 1621, n.° 5 ; saint Bar-

thélemy, n.° 6 : *rare ;* saint Pierre, 1621, n.° 7 : *très-belle Epreuve* d'une parfaite conservation. 5 pièc.

POUSSIN (Nicolas), *né aux Andelys en* 1594.

39 Saint Paul enlevé au troisième ciel, gr. par Pesne; la Mort de Saphira, par Andriot; la Peste des Philistins, par G. Courtois. 3 pièces, *belles Epreuves.*

40 Sujets divers, dont la Manne, le Veau d'or, Moïse défendant les Filles de Jethro, saint Barthélemy, etc. 7 pièces.

41 Moïse retiré du Nil, gr. par Mariette. *Très-belle Epreuve avant la lettre.*

LASNES (Michel), *né à Caen en* 1596.

42 David, saint Étienne, saint Philippe et sainte Marie-Magdeleine, d'après Voet; sainte Marie Égyptienne, d'après Ribera, etc.; plusieurs Portraits, dont Urbain VIII, J.-Fr. de Gondy, arch. de Paris; Camille de Neufville, arch. de Lyon; Fr. de Chanvalon, arch. de Rouen; H. Arnauld, év. d'Angers; Hébert-Pierre d'Hardivillier, tous deux arch. de Bourges; Henry de Maupas du Tour, év. du Puy; l'abbé de Richelieu, François Rabelais, etc. 25 pièces.

MELLAN (Claude), *né à Abbeville en* 1601.

43 Éliézer donnant à boire aux troupeaux de Rébecca, d'après Tintoret; saint Claude, deux Magdeleines, sainte Catherine, etc.; les Portraits des Cardinaux de Richelieu et de Bentivoglio; ceux de Victor Le Bouthillier, Fr. de Villemonté, l'Abbé de Marolles, etc. 18 pièces.

ROSSI (Jean-Jacques), *né à Rome vers* 1600 ?

44 Histoire de saint Thomas, dans des médaillons ronds. 14 pièces.

AUDRAN (Les).

45 Passage de la Mer-Rouge, d'après Verdier, gr. pièce de deux feuilles; le Songe, d'après Raphaël; deux Vignettes, par Gérard Audran; le Portrait de Thomas A-Kempis, et une Allégorie, par Karle Audran; Portrait de Robert Seçousse, par Jean Audran. 8 pièc.

BOL (Ferdinand), *né à Dordrecht vers* 1600.

46 Sacrifice d'Abraham, n.° 1 : *très-belle Epreuve* d'une parfaite conservation.

47 Sacrifice de Gédéon, n.° 2, I.er état : *très-rare Epr.* d'une parfaite conservation.

HOOGUE (Romyn de), *né à La Haye vers* 1600?

48 Philippe II, Roi d'Espagne, à genoux près de son carrosse, où il fait monter un ecclésiastique portant le Saint-Sacrement. *Pièce rare*, dite le Carrosse ou Porte-Dieu.

HOLLAR (Venceslas) et autres.

49 Vues de Covent-Garden et South Warke, etc. 4 pièc.

BLOOTELING et autres.

50 Portraits et Sujets allégoriques, gravés en manière noire, par Blooteling, Faber, etc. 5 pièces.

BAUR (Jean-Guillaume), *né à Strasbourg en* 1600.

51 Sujets de l'Ancien et du Nouveau-Testament, de la Mythologie, Paysages, etc., la plupart gravés par Melchior Kyssell. *Anciennes et belles Épreuves.* 82 pièces.

BELLA (Etienne della), *né à Florence en* 1610.

52 Les cinq Sujets allégoriques sur la Mort, etc. 30 pièces.

MORIN (JEAN), *né à Paris vers* 1612.

53 Saint Pierre et saint Paul : *très-belles Epreuves*, d'une parfaite conservation ; Jean-Paul de Gondy, arch. de Paris, et Gabriel de Choiseul, év. de Comminges : *belles Epreuves* ; Du Verger de Hauranne : ces quatre pièces d'après Champaigne ; saint François de Salles et Jansénius. 7 pièces.

BOULANGER (JEAN), *né à Troyes vers* 1615.

54 Portrait d'Antoine de Barberin, arch. de Reims ; Alph. d'Elbene, év. d'Orléans ; Fr.-Is. de Haguin ; Henri de Castille, abbé de Saint-Martin ; Paul Beurier, Curé de Saint-Etienne-du-Mont, et René de Cerisier. 7 pièces.

ROUSSELET (GILLES), *né à Paris en* 1614.

55 Deux saint Jean l'Evangéliste, deux saint Sébastien, saint George et saint Augustin ; plusieurs Portraits, dont Marca, arch. de Paris ; Franç. Boulard, et Charles Faure, abbé de S.te-Geneviève, etc. 11 pièc.

LENFANT (JEAN), *né à Abbeville vers* 1615.

56 Portraits de François Faure, év. d'Amiens ; Laval, év. de La Rochelle ; Léonard de Matignon, év. de Lisieux ; de Coeslin, abbé de Saint-Victor ; Guide de Rochechouart, abbé de Saint-Michel ; Louis de Machault, prieur de Saint-Pierre ; J.-B. de Contes, doyen de Notre-Dame de Paris ; Charles d'Aligre, abbé de Saint-Riquier ; André Hequet, doyen de Saint-Wulfran d'Abbeville ; Guillaume Libor, prieur de la Buissonière, etc. 12 pièces.

BRUN (CHARLES LE), *né à Paris en* 1618.

57 Le Massacre des Innocens, en deux planches, par Loir ; la Chute des Anges rebelles, par le même, et

une grande Thèse, avec Louis XIV à cheval, en deux planches, par Edelinck.

58 La grande Galerie de Versailles et les deux Salons qui l'accompagnent, peints par Charles Le Brun, premier peintre de Louis XIV, dessinés par J.-B. Massé, etc. Paris, 1752, grand-aigle, cartonné : gr. pap.

59 Suite des Apôtres, figures en pied. 12 pièces.

GANTREL et autres.

60 Portraits de Jean d'Estrées, év. de Loudun, dans une thèse en deux feuilles; François Le Bouthillier, év. de Troyes; plusieurs autres Portraits, par Daret, Trouvain, Habert : *très-belles Epr. bien conservées.* 17 pièces.

POILLY (Les).

61 Le Mariage de sainte Catherine, d'après Mignard; saint Jean l'Evangéliste, d'après Le Brun, etc.; Portraits de Fr. de Coetlogon; deux de Grignan, arch. d'Aix; Nicolas Parfait, chanoine de Paris, etc. 9 pièc.

SCHUPEN (PIERRE VAN), *né à Anvers en 1623.*

62 Divers Portraits, dont Alexandre VII; Ch.-M. Le Tellier, et le Card. Mazarin, d'apr. Mignard; Hardouin de Perefixe, d'après Le Febvre, etc. 7 pièces.

NANTEUIL (ROBERT), *né à Reims en 1630.*

63 Armand-Jean du Plessis, cardinal de Richelieu, d'après Champaigne, entouré d'une bordure carrée en feuilles de laurier; 1657.

Jules Mazarin, cardinal, 1655, tourné à droite; au bas, quatre vers : *Terrarum domitor,* etc.

Antoine Barberin, arch. de Reims, dans une bordure ovale en feuilles de laurier. 3 pièces.

64 Jacques-Bénigne Bossuet, év. de Condom, 1674 : *Epreuve avant l'adresse d'Edelinck* ; grande pièce.

Hardouin de Perefixe, arch. de Paris, tourné à gauche, ovale, 1663.

François de Clermont-Tonnerre, év. de Nevers, 1655 : *prem. Epreuve* avant la croix pastorale, et avec toute sa marge. 3 pièces.

65 Michel Amelot, arch. de Tours; au bas, des armes dans un médaillon ovale : *Epreuve avant le guillemet.*

Jacques-Nicolas Colbert, tourné à gauche, ovale, avec trois C dans les angles, 1670 : très-gr. pièce.

Le même du même sens, dans une bordure ovale en feuillage; 1673; très-gr. pièces : *belles Epreuves.*

Plus, une Vignette et une Inscription.

Pierre du Cambout de Coaslin, évêque d'Orléans. très-grande. pièce. 5 pièces.

66 Henri de Savoie, arch. de Reims, tourné vers la droite, 1652 : *Epr. avant l'inscription* au bas de la planche, et avec toute sa marge.

Philibert Emmanuel de Beaumanoir, d'après Champaigne, 1651 : *prem. Epreuve* avant les chiffres dans les angles; le fond des armes blanc, et avec toute sa marge.

François Bosquet, év. de Montpellier, 1661. *Belle gravure.* 8 pièces.

Ferdinand de Neufville, év. de Chartres, ovale sur un fond parsemé de croix : *prem. Epreuve avec l'année* 1668, et avec toute sa marge.

Le même, d'après Champaigne, dans une bordure octogone en feuillage: *deuxième Epr.*, avec l'année 1658.

Henri de Savoie, arch. de Reims, tourné à gauche; 1651 : *belle Epreuve* avec nom.

Le même, tourné à gauche; 1652 : *belle Epreuve* avec marge.

César d'Estrées, évê. de Laon; 1660 : *belle Epr.* avec toute sa marge. 8 pièces.

67 Antoine Barberin, arch. de Reims, dans une bordure ovale en feuilles de laurier.

Denis de La Borde, év. de Saint-Brieux, dans une bordure en feuillage octogone; 1657 : *belle Epreuve.*

Victor Le Bouthillier, arch. de Tour, d'apr. Champaigne, octogone; 1651 : *belle Epreuve.*

Victor Le Bouthillier, arch. de Tours, dans un ovale, accompagné des marques de la dignité épiscopale; 1662: grande pièce en largeur, avec quelques taches d'huile.

François de Clermont-Tonnerre, évêque de Noyon; 1655 : *prem. Epreuve* avant la croix pastorale.

Louis Doni d'Attichy, évêque d'Autun, 1665.

Dominique de Ligny, évêque de Meaux, 1661.

Léonor Goyon de Mutignon, évêque de Lisieux.

Jean de Montpezat de Carbon, archevêque de Sens. 9 pièces.

68 Michel Le Masle, 1658; Claude Thévenin; deux Portraits : l'un de 1653, l'autre de 1658; Charles-Maurice Le Tellier, 1663; Molé, abbé de Sainte-Croix, 1649; Jean Fronton, chanoine de Sainte-Geneviève; l'abbé de Marolles, 1663; Hippolyte Ferret, grande planche; Trouvain, 1684; Charles Faure, etc. 10 pièces.

LANDRY (Pierre), *né à Paris vers* 1630.

69 Portraits d'Antoine Godeau, évêque de Vence; Henri Arnauld, évêque d'Anjou; Louis de La Bruyère, évêque de Laon, etc. ; *très-belle épreuve*, d'une parfaite conservation. 12 pièces.

PITAU (Nicolas), *né à Paris en* 1633.

70 Portraits de Nicolas Colbert, évêque de Luçon,

superbe épreuve; Gaspard de Gaillon du Lude, évêque d'Alby; Hardouin de Perefixe, archevêque de Paris; François de Villemonté, évêque de Saint-Malo, Denis Sanguins, évêque de Senlis, *très-belle épreuve;* Jean-François d'Estrade, etc. 8 pièces.

CHASTEAU (GUILLAUME), *né à Orléans, en* 1633.

71 Jésus-Christ portant sa Croix, et le Martyre de saint Étienne, d'après Carrache; saint Paul recouvrant la vue, d'ap. Pierre de Cortone; le pape Alexandre VII, d'après Cyro Ferri, etc. 6 pièces.

LOCHON (RENÉ), *né à Poissy vers* 1636.

72 Portraits de Charles de Bourbon, évêque de Soissons; Félix Vialart, évêque de Châlons; César d'Estrées, évêque de Laon; Balt. Philippeaux de la Vrillière, etc. 8 pièces.

MASSON (ANTOINE), *né près d'Orléans, en* 1636.

73 Portraits de Forbin de Janson, évêque de Marseilles; Gabriel de Roquette, évêque d'Agde; Emmanuel-Théodore de la Tour-d'Auvergne, d'après Mignard; le Maistre de Sacy, d'après Nanteuil, *très-belles épreuves* bien conservées. 4 pièces.

VALLET (GUILLAUME), *né à Paris en* 1636.

74 Portraits de Pierre du Laurens, abbé de Cluny, *deux épreuves avec différences;* Michel Poncet, archevêque de Bourge; Louis-Antoine de Noailles, abbé. 4 pièces.

CLERC (SÉBASTIEN LE), *né à Metz en* 1637.

75 Suite de vingt Paysages et diverses Gravures. 100 p.

ÉDELINCK (GÉRARD), *né à Anvers en* 1639.

76 Les Pères de l'Église, d'après Champaigne; deux Por-

traits de Ferdinand, évêque de Paderborn; l'un d'après Michelin, et l'autre d'après Le Brun; François Ximenès, archevêque de Tolède, *très-belle épreuve,* d'une parfaite conservation. 6 pièces.

77 Portrait de Ferdinand, évêque de Paderborn, d'apr. Michelin; Nicolas Champion, docteur de Sorbonne, d'après Vivien; et Antoine Furetière de l'Académie, d'après de Sère, *magnifiques épreuves* avec toutes leurs marges. 3 pièces.

DREVET *fils* (Pierre-Imbert), *né à Paris en* 1697.

78 Portrait de B.-H. de Fourcy, *épr. donnée par l'abbé de Fourcy;* celui de Jean-Paul Bignon, *épreuve donnée par l'abbé Bignon;* et Léonard Delamet, d'après Rigaud; celui de M. de Pompone, d'après Van-loo, par Petit, *épr. donnée par l'abbé de Pompone.* 4 pièces.

STRANGE (Robert), *né aux Orcades en* 1723.

79 La Douceur et la Justice, d'après Raphaël; *belles épreuves.* 2 pièces.

80 Vénus mettant un bandeau sur les yeux de l'Amour, d'après Titien; *belle épreuve avec grande marge.* 1 pièce.

MARCENAY (Antoine DE GHUY DE), *né vers* 1723.

81 Portraits de l'Électeur de Saxe, Frédéric Christian, et celui de Marie-Antoinette de Bavière, sa femme; épreuves de remarques probablement *uniques,* à l'eau-forte pure. Les marges couvertes d'essais de pointes, quelques petits Paysages, et plusieurs taches d'eau-forte.

Le portrait de l'Électeur a en largeur 6 pouc. 7 lig.; Celui de sa femme : haut. 10 pouces, larg. 7 p. 6 lig.

BARTOLOZZI (François), *né à Florence en 1728.*

82* Massacre des Innocens, d'après Guido Reni, tiré du Musée français. *Épreuve avant la lettre.*

83 Vignettes pour l'Arioste, d'après les Dessins de Cipriani. 16 pièces.

84 La Dame bienfaisante et le Pendant, gravés en couleur, d'après Baralet; le paysage par Morris. 2 pièces.

CIPRIANI (Jean-Baptiste), *né à Pistoie en 1732.*

85 *A Collection of prints afterand Drawings of the late celebrated Giovanni Battista Cipriani Esq.r R. A. Engraved by M. Richard Earlom.* Suite de 65 pièc., publiées à Londres, chez Boydell, en 1789. En tête est le portrait de Cipriani, d'après Rigaud. Toute cette Suite est gravée au lavis, et tirée sur papier de Chine; il y a trois Épreuves doubles, à l'eau-forte, et terminées : les six dernières pièces sont gravées par Bartolozzi et Légat.

Trente-cinq Pièces, gravées au pointillé par Bartolozzi, et représentant divers sujets de la Mythologie ou de l'histoire d'Angleterre, quelques Allégories, des Bas-Reliefs antiques, etc.

Vingt-trois Pièces, gravées au burin par Bartolozzi : la plupart sont des billets de bals, concerts ou dîners; presque tous *avant la lettre.* Il se trouve deux Épreuves du billet pour le bal donné en 1785, pour l'élection du lord-maire John Wilkes.

Quatorze Pièces, gravées au burin par Bartolozzi, pour divers chants de l'Arioste, édition de 1785 ?

Cet Œuvre, composé de 130 pièces, est contenu dans un grand volume en maroquin rouge, reliure anglaise. Collection rare d'épreuves.

FRAGONARD (Honoré), *né à Nice en* 1733.

86 Vingt Vignettes pour les Contes de La Fontaine, d'après Fragonard. *Epreuves à l'eau forte et terminées.* 40 pièces grand in-4°.

BOISSIEUX (Jean-Jacques de), *né à Lyon en* 1736.

87 Suite de dix Paysages, chez Basan, n.os 85 à 93 (*). *Epreuves sur papier fin.*

88 La Leçon de botanique, diverses Etudes de Portraits et de Paysages, formant les pièces nouvellement publiées par MM. Chaillou-Potrelle. *Epreuves sur papier vélin.* 9 pièces.

VOLPATO et MORGHEN.

89 Les Vertus cardinales, d'après Raphaël; et la Sainte-Famille, dite la Vierge au Sac, d'après André del Sarte. 2 pièces.

PEAK (Jacques), *né à Londres vers* 1740?

90 Le Repos des Bergers, d'après T. Jones, Tableau qui eut le prix à l'Académie de Londres en 1768. *Belle épreuve,* avec quelques légères taches jaunes.

HUET (Jean-Baptiste), *né à Paris en* 1745.

91 Études d'Animaux, Ornemens, etc. 41 pièces grav. au crayon.

PONCE (Nicolas), *né à Paris en* 1746.

92 Vignettes pour le Roland furieux, d'après les dessins de Cochin. 46 pièces.

(*) Ces N.os sont ceux du Catalogue publié par de Boissieu lui-même. Lyon, 1801, in-8°.

DAVID (Jacques-Louis), *né à Paris en 1747.*

93 Deux Portraits du Pape, un de Fourcroy, plusieurs Croquis, et le Portrait de David par Jacob, d'après Langlois. 7 pièces lithographiées.

94* Portrait de Napoléon à cheval, passant le mont Saint-Bernard, lithogr. par Maurin.

95 Études de Figures et de Têtes, tirées de divers Tableaux, par Legrand, Granger, Monanteuil et Me Negelen. 21 pièces lithographiées.

CANOVA (Antoine), *né à Possagno en 1747.*

96 Statues et Groupes, par divers artistes, chez Chaillou-Pôtrelle. 16 pièces lith.

97 Statues et Groupes, par divers artistes, chez Blaisot. 6 pièces lith.

GODEFROY (François), *né à Rouen en 1748.*

98* Sainte Marie Égyptienne, d'après Champaigne, pour le Musée français. *Epreuve avant la lettre.*

BLOT (Maurice), *né à Paris en 1754.*

99* Mars et Vénus, d'après Poussin : tiré du Musée français. *Epreuve avant la lettre.*

DEBUCOURT (Philippe-Louis), *né à Paris en 1756.*

100 Histoire de Ragotin, d'après Rioult. 4 pièces.

TARDIEU (Pierre-Alexandre), *né à Paris en 1756.*

101 Ruth et Booz, d'après Hersent.

ROGER (Barthélemy), *né à Lodève en 1760 ?*

102 Louis XIV et ses amours, Recueil de six Portraits, avec texte. 1 vol. in-4.° broché.

PRUD'HON (Pierre-Paul), *né à Cluny en* 1760.

103 Quatre Vignettes pour l'Art d'aimer, gravées d'après la composition de Prud'hon; deux gravées par Besson, une par Copia, et la dernière par Prud'hon lui-même.

104 La Famille malheureuse, lith. par Aubry-Lecomte; la Justice et le Remords poursuivant le Crime, lith. par M. Lavigne; deux Etudes. En tout 4 pièces lithographiées.

105 Triomphe allégorique, lithographié par Maurin; *Epreuve sur papier de Chine;* sans lettre.

VERNET (Carle), *né à Paris vers* 1760?

106 Mameluck au galop, et Mameluck au combat, gr. par Jazet. Le Coup de Tonnerre, gr. par Debucourt. 3 pièces.

107* La Revue du premier Consul aux Tuileries, d'après le dessin de MM. Vernet et Isabey, gravée par Pauquet et Mecou. *Très-belle et très-rare épreuve* avant que la planche ait été coupée à la hauteur du dôme des Tuileries.

108 Douze Scènes de Chasses, grav. par Jazet. 12 piéc.

109 Grandes Etudes de Chevaux de différens pays. 22 p. lith.; suite incomplète.

110 Petites Etudes de Chevaux. 12 pièces lith.

111 Etudes de Chasses. 6 pièces lith.

112 Caricatures, Etudes de Chiens, Scènes diverses, quelques Etudes de Chevaux, par Lœlliot, d'après Carle et Horace Vernet. En tout 22 pièces lith.

113 Le Marchand de Chevaux normand; la Danse des Chiens en désordre; Inutile Précaution; Chacun son tour. Ces 4 pièces gravées au lavis, par Debucourt et Charon: les trois premières coloriées.

2*

GIRARDET (Abraham), *né à Neufchâtel vers 1770.*

114 Apothéose d'Auguste, camée antique de la Bibliothèque du Roi, publié dans l'Iconographie de M. Visconti. *Epreuve avant la lettre.*

115* Cérémonie du Champ-de-Mai, pièce gravée pendant les Cent-Jours, et qui n'a pas été terminée. *Extrêmement rare.*

PIRINGER (Benoit), *né à Vienne en 1774.*

116 Danse de Village, d'après Claude Lorrain; deux autres Paysages, d'après Omegan et Watelet. 3 pièces gravées à l'aquatinte.

BERTAULT.

117 Quatre Vues de la haute Italie, et quatre Paysages. 8 pièces.

BENOIT *jeune.*

118* Le Christ à la colonne, gravé au pointillé d'après Michel-Ange. *Epreuve avant la lettre.*

FORTIER (Claude), *né à Paris en 1775.*

119 Forêt vierge du Brésil, d'après M. de Clarac.

USTERI (Martin).

120 La Prière du Seigneur, par un habitant d'Unterwalden, gravée au lavis par Marchand Wacher, 1805, 8 pièces.

DESNOYERS (Auguste Boucher), *né à Paris en 1779.*

121 La Vierge de la maison d'Albe, et sainte Catherine d'Alexandrie, d'après Raphaël, 2 pièces.

122 La Vierge au poisson et la Visitation, d'après Raphaël. 2 pièces.

123 Ptolémée et Bérénice, camée antique, publié dans l'Iconographie de M. Visconti. *Epr. avant la lettre.*

HAUDEBOURT-LESCOT (Mme HORTENSE), *née à Paris.*

124 Le Dessinateur, le Broçanteur, le Marchand, le Chasseur; *Epreuves sur papier de Chine;* et la Visite à la nourrice. 5 pièces lith.

125 La Servante grondée, gravée par Legrand; *épreuve avec la lettre tracée.*

126 La bonne Fille et la préface de Gil-Blas, par S. W. Reynolds. 2 pièces.

LIGNON (ÉTIENNE-FRÉDÉRIC), *né à Paris en* 1785.

127 La Vierge au Poisson, d'après Raphaël; Naissance du duc de Bordeaux, d'après Fragonard; et Portrait du Poussin. 3 pièces.

128 Portrait de J.-B. Massillon, d'après Desenne; *deux épreuves, dont une avant la lettre, et sur papier de Chine.*

PRADIER (CHARLES-SIMON), *né à Genève, vers* 1785.

129 La Vierge aux Ruines, et la Fornarine avec Raphaël. 2 pièces.

RICHOMME (JOSEPH-THÉODORE), *né à Paris en* 1785.

130 Andromaque aux pieds de Pyrrhus, d'après Guérin.

131 Un Faune jouant de la flûte, pour le Musée royal. *Epreuve avant la lettre.*

ROEHN.

132 Le Fou par amour, *épreuve sur papier de Chine*; Militaires en goguettes. 3 pièces lith.

TOSCHI (Paul), *né à Parme en* 1787.

133 Vénus et Adonis, d'après l'Albane.

TARDIEU (André-Ambroise), *né à Paris en* 1788.

134 Portraits de La Fontaine, Buffon, Linnée, Geoffroy, St.-Hilaire, G. Cuvier, et le comte de Boigne; gr. au pointillé. 6 pièces.

ROUX (Jean-Marie Le), *né à Paris en* 1788.

135 Portrait du général Lafayette, d'après Scheffer, et celui de Jeanne d'Arragon, d'après Raphaël. 2 pièc.

RUHIERRE (Edme-Jean), *né à Paris en* 1789.

136 Henri IV chez Michaux, d'après Menjaud. *Epreuve avant la lettre.*

BAQUOY (Pierre-Charles), *né à Paris en* 1780.

137 Montaigne et le Tasse, d'après Ducis; Frédéric et Voltaire, d'après Monsiau. 2 pièces.

JAZET, *né à Paris vers* 1780 ?

138 Révolte du Caire, d'après Girodet; Mort de Napoléon, *Epreuve déchirée*; quatre Scènes familières, d'après Wilkie, Burnet, Bigg, etc. 6 pièces.

139 Un Duel, et une Exécution militaire, d'après Vigneron. 2 pièces.

140 Portraits de M. de Betizi, du Prince de Savoie-Carignan, et de David : *l'Epreuve de ce dernier est défectueuse.* 3 pièces.

MARIAGE.

141 Enlèvement d'Orythie par Borée; Pygmalion amoureux de sa statue; cette dernière *Epr. avec la lettre tracée.* 2 pièces.

VERNET (HORACE), *né à Paris vers* 1780.

142* La Barrière de Clichy, gravée par Jazet. Epreuve *avant toutes lettres*, très-belle.

143* Le Chien du Régiment, et le Trompette tué, gravé par Le Comte et Johannot. Epreuve *avec la lettre tracée.* 2 pièces.

144 Chasse au Chevreuil, et Chasse au Marais, gravé par J. W. Reynolds. 2 pièces.

145 Portrait du général Foy, gravé par Achille Lefèvre. *Épreuve sur papier de Chine.*

146 Intérieur d'un Atelier, gravé par Jazet; et le Naufrage du Camoens, gravé par Legrand. 2 pièces.

147* Portraits de Charles X et de sa Cour, à cheval, gravé par Jazet, avec la petite planche où sont les noms des personnages.

148 Tableaux exposés dans l'atelier d'Hor. Vernet, en 1822, in-4°. 17 pièces, gravées par divers.

149 Portraits de Maurocordato, n.° 87 (*); Chauvelin, n.° 94; le général Foy, n.° 203, et autres, d'après Vernet; Charles X, par Belliard; Ali-Pacha, par Le Roi, 5 pièces lithographiées.

150 Un Hussard mettant le feu à une fougasse pour faire sauter un pont, n.° 33; Officier en goguette, n.° 81; *rare.* Garde furetant à blanc, n.° 90; Soldats, je le

---

(*) Ces N.os sont ceux du Catalogue des Lithographies de M. Horace Vernet, publié à Paris, en 1826, par M. Bruzard.

pleure, n.° 102; les Fourrageurs, n.° 104; Battues au bois et en plaine, n.os 160 et 161; mon Lieutenant, c'est un Conscrit, n.° 201; trois autres sujets. En tout, 11 pièces lith.

D'après Vernet: le prince Poniatowski, par Hener; les Adieux de Fontainebleau, par Flandrin; le Maréchal Gouvion Saint-Cyr, portrait en pied, par Caminade. 3 pièces lith.

VIBERT.

151 La Leçon de Basse de Viole, d'après G. Netcher.

ALBRIER (Joseph), *né à Paris en* 1790.

152 Narcisse, par Tavernier; Cyparisse, par M.me Couet; J.-J. Rousseau endormi, et Rousseau composant son Émile, gravés par H. Huet; et la Leçon de Flûte. 5 pièces.

DUVAL LE CAMUS (Pierre), *né à Lisieux en* 1790.

153 La pauvre Femme, la Dame de charité, et le bon Temps d'un Ecolier. 3 pièces lith.

154 La Mariée, estampe gravée au lavis, par Debucourt.

PERNOT (François-Alexandre), *né à Vassy en* 1792, et autres.

155 Vues diverses et Paysages. 7 pièces.

MARCHAND et autres.

156 Vues diverses, Paysages, Intérieurs: gravés à l'aquatinte. 10 pièces.

WEBER.

157 Vues de Naples, de Londres, de Bordeaux et d'Athènes, gravées au lavis. 4 grandes pièces.

WEDGWOOD et autres.

158 Portrait de Lord Byron, *Epreuve sur papier de Chine;* Corneille, par Jausond; Molière, par Jehotte; Chénier, par Lefevre; le Vicomte d'Arlincourt, par Mécou; le Général Gourgaud, par Badoureau. 6 pièces.

WESTALL.

159 L'Annonciation; l'Adoration des Bergers; Jésus-Christ au Jardin des Oliviers, et Jésus-Christ au Tombeau : gravés au pointillé par Pioline et Tassaert. 4 pièces.

GEBHARDT (François), *né à Paris en* 1797.

160 Vues des Environs de Paris et autres. 12 pièces.

GELÉE (François), *né à Paris en* 1796, *et autres.*

161 Daphnis et Chloé, d'après Hersent; Cyparisse par Caron, d'apr. Vinchon; Mercure et Argus par Adam, d'après Steuben; la Vierge au Lézard, par Corot, d'apr. Jules Romain; Allégorie par Soinard, d'apr. Boifremont. 5 pièces.

GEOFFROY.

162 Différentes Chasses, d'apr. Susemihl. 12 pièces gravées au pointillé.

ASHBY.

163 Chiens de chasse de différentes natures, d'après Reinagle. 4 pièces.

BONVOISIN *et* A. BOILLY.

164 Portrait du docteur Broussais; ceux d'Anne d'Autriche, Racine et Voltaire; Philippe II; le duc d'Orléans, régent; Poussin et Vauban. 8 pièces.

CHOLLET (ANTOINE-JOSEPH).

165 L'Orphelin et la Femme ayant perdu à la Loterie, d'après Roëhn. 2 pièces.

DEFER ( ).

166 Études de Chiens de chasse, d'après Reinagle. 5 pièces lithographiées.

DENIS (UL....).

167 Le Matelot et le Chasseur, d'après G. Descamps; Vues d'Intérieur, d'apr. Bouhot. 5 p. grav. au lavis.

DEVERIA (ACHILLE), *né à Paris en* 1800.

168 Portraits de Dubois et Petit, chirurgiens; Jeanne d'Arc et Gabriel d'Estrées; la Fille de Carlo Dolci; plusieurs Députés. 12 pièces lith.

169 Portraits en pied publiés par Janet, gravés par Chollet, Johannot, Goulu, Touzé, etc. 14 pièces.

170 Figures en pied d'Homère, David, mademoiselle Raucourt et mademoiselle Mars; Portraits en buste du Dauphin, de Molière, lord Byron, et M. de La Fayette; gravés par Adam, Prevost, etc. 8 pièces.

171 Portrait de Ph. de Bruillard, évêque de Grenoble, gravé par mademoiselle Coignet; celui de Beauharnais, par Sixdeniers; celui de Talma, etc. 5 pièces.

172 Bossuet, Descartes, et Mme...... *Epr. avant la lettre.* 3 pièces.

GUDIN (THÉODORE), *né à Paris en* 1802.

173 Recueil de Marines, chez Gihault, 1822, etc. 8 pièces.

HIMELY.

174 Différentes Chasses, d'après Wolstenholme : 12 pièc. gravées au lavis. — Six Vues des Habitations de

J.-J. Rousseau; Vues de Saint-Jago et de Lima. 8 pièces gravées au lavis.

LEGRAND (PAUL).

175 Vues d'Intérieur, gravées au lavis, d'après Destouches, Nicolle et Thomas. 7 pièces.

MAILE (G.).

176 L'Invalide malade, des Brigands d'Italie, les Enfants du Nocher, un Brave, etc., d'après Cogniet, Baume, Charlet, etc. 7 pièces gravées à l'aquatinte.

MASSARD (ALEXANDRE).

177 Portraits de Pierre-le-Grand, du prince de Condé, de Catinat, Luxembourg et Mirabeau. 5 pièces.

PAUQUET *fils*.

178 Marie Stuart, et le Tasse, d'après Ducis. 2 pièces.

179 Pyrame et Thisbé, et une Vignette du Tasse, d'après Ducis. 3 pièces.

REYNOLDS (S.-W.).

180 La bonne Fille et la Préface de Gil-Blas, d'après madame Haudebourt; les Enfans surpris par l'orage, d'après de La Roche, gravées à l'aquatinte. 3 pièc.

LITHOGRAPHIES.

ADAM (VICTOR).

181 Un An de la Vie d'un jeune Homme, en 17 chapitres, etc. 1824. Lithographies. 17 pièces.

182 Costumes de Marins, chez Osterwald, 1827; et Mélanges. 11 pièces lithographiées.

183 Scènes militaires, Vues diverses. 12 pièces lithogr.

ALBERTI (CHARLES-JEAN), *né à Amsterdam en* 1783.

184 Tête de Christ, d'après Guido; Tête de Vierge, d'après Le Corrège; Portrait de Marguerite d'Écosse, d'après Van Dyck, etc. 10 pièces lithographiées.

ANDREW.

185 Chevaux anglais, d'après H. Vernet, Gericault et Eug. Lamy. 4 pièces lithographiées.

ASSELINEAU.

186 La Tempête, la Tombe du Marin, et les Projets de Fortune, d'après les Tableaux de M. de Cypierre. 3 pièces lithographiées.

AUBRY (CHARLES), *né à Rouen vers* 1798.

187 Scènes militaires et autres. 17 pièces lithographiées.

ARNOUT (JEAN-BAPTISTE), *né en* 1787.

188 Six Vues, peintes d'après nature, par Despoix, 1826. — Six Vues des Environs de Paris. — Six Vues d'après nature. — Six Vues de Paris, etc. En tout 25 pièces lithographiées.

BACLER D'ALBE et autres.

189 Vues des environs du Mont-Blanc. — Vues de Russie, etc. 18 pièces lith.

190 Promenades pittoresques et lithographiques dans Paris. 48 pièces avec texte in-fol., cart.

BAPTISTE (SYLVESTRE), *né à Paris en* 1796.

191 Scènes familières; Vues de Paris; Vues intérieures du Louvre, etc. 16 pièces lith.

BELLANGÉ (Hippolyte); *né à Paris en* 1800.

192* Portrait du prince Eugène Beauharnais, à cheval.

193 Album lithographique, chez Gihaut, pour les années 1825, 1826 et 1827. 36 pièces.

194 Costumes militaires. N.os 1 à 36; lith.

195 Scènes familières. 15 pièces lith.

196 Scènes militaires; Caricatures; Croquis, etc. 17 p. lith.

BELLIARD (Z.in.)

197 Malédiction de Caïn; Portr. en buste de Louis XVIII et de l'abbé de La Mennais, d'après Paulin Guérin: ce dernier, épreuve sur papier de Chine. Portraits en pied de Stofflet, Charette, George Cadudal, etc. 9 pièces lith.

BERANGER.

198 Philosophe en méditation; Études diverses, 6 p. lith.

BERAUD *et* BRIARD.

199 Vues diverses, et Caricatures. 12 pièces lith.

BOILLY (Louis-Léopold), *né à la Bassée en* 1761.

200 Recueil de Têtes groupées. 77 pièces lith.

201 Réjouissances publiques; Scènes familières, etc. 12 pièces lith.

202 Jeux de l'enfance; Caricatures; Scènes familières, etc. 26 pièces.

BOILLY (Jules), *né à Paris vers* 1800?

203 Recueil de Croquis dessinés à Rome. — Portraits de David et de Rossini. — Caricatures, etc. 15 p. lith.

BONNINGTON.

204 Scènes familières du XVII.e siècle. 5 pièces lith.

BOUHOT (Ph.) et autres.

205 Vues d'Intérieurs, par Bouhot; Paysages, par Bichebois et Bourdet. 14 pièces lith.

BOURGEOIS (Constant).

206 Vues de Subiaco, *avec une longue déchirure;* de Marano; de Saint-Jean-de-Latran et du Mont-d'Or, Études de Paysages. 21 pièces lith.

BOWDICH. (T. E.)

207 Excursions dans les îles de Madère et de Porto-Santo. Atlas sans texte. 22 pièces lith.

BURDE (Frédéric).

208 Études de Chevaux dessinés d'après nature, en 1824; au haras de Neustadt, sur la Dosse, dans la marche de Brandebourg. 8 pièces lith.

CANELLA (Joseph).

209 Vues d'Espagne et d'Italie. 8 pièces lith.

CHAPUY (Jean-Baptiste), *né à Paris en* 1756.

210 Quatre Vues de l'église de Saint-Denis; cinq Vues de Notre-Dame de Paris, et quatre Vues de Lyon : ces dernières *sur papier de Chine.* En tout, 13 p. lith.

211 Vues de l'église Sainte-Geneviève de Paris, avec des détails, coupes, élévations et plans, par Chapuy. Paris, 1826, chez Engelmann. 6 pièces lith.

CHARLET, *né à Paris vers* 1795 ?

212 Diverses Lithographies, dont : le premier Coup de feu; le second Coup de feu; vous croisez la baïonnette sur les amis! Au vieux Grognard le tailleur de pierre reconnaissant; Papa, dada! Papa, nanan! Elle a le cœur français, l'ancienne! etc. 16 pièces.

213 Recueil de diverses Lithographies. 16 pièces.

214 Diverses Lithographies, dont Odry, dans le rôle de Beldame : Soyez plutôt maçon ; *deux Epreuves différentes*. Le beau bras! c'est comme l'antique ; Costumes militaires, etc. 11 pièces.

215 Recueil de Croquis à l'usage des petits enfans, chez Gihault, 1822. 8 pièces.

216 Album de 1823, chez Gihault. 16 pièces.

217 Croquis lithographiques, 1824 ; chez Gihault. 16 p.

218 Recueil de Croquis, 1825 ; chez Gihault. 12 pièces.

219 Album de 1825 ; chez Gihault. 20 pièces.

220 Album lithographique, 1826; chez Gihault. 20 p.

221 Croquis lithographiques, à l'usage des enfans, 1826 ; chez Gihault. 12 pièces.

222 Album lithographique, 1827; chez Gihault. 20 pièces, avec *deux titres différens*.

223 Les Joueurs et les Querelleurs, gravé à l'aquatinte, par S. W. Reynolds, d'après Charlet; plusieurs Lithographies d'après lui, par Helliot et autres. 8 p.

CHARON (Benjamin), *né à Paris en* 1807.

224 Portrait de Charles X, à cheval, d'après Aubry.

CHASSELAT.

225 Les Fastes de la Gloire, collection de 50 gravures, d'après les dessins de Chasselat, 1819.

COURTIN (Pierre-Louis-Marie), *né à Château-neuf en* 1788.

226 Fêtes de Village, d'après Téniers. 2 gr. pièces lith.

CHERY (Louis), *né à Thionville en* 1790, et autres.

227 Études de Chevaux et autres objets, par divers artistes. 8 pièces lith.

DELORIEUX (FRANÇOIS), *né à Paris en* 1791.

228 Portraits de Voltaire, Rousseau, Walter Scott et lord Byron; plusieurs Députés, et quelques Paysages. 15 pièces lithographiées.

DEROY.

229 Vue du Couvent de Saint-Jean et de Saint-Paul, d'après Rémond; quatre Vues de Lagrange, d'apr. Fisher; deux Vues des Bains d'Ems, près Coblentz, d'après Howen, etc. 13 pièces lithographiées.

DESENNE (ALEXANDRE-JOSEPH), *né à Paris en* 1785.

230 Plusieurs Scènes de Paul et Virginie, de Tartuffe, etc. 10 pièces lithographiées.

DEVELY.

231 Les principaux objets de dessert mis en scène. 19 p. lithogr.

DUBUFE (CLAUDE-MARIE), *né à Paris en* 1790.

232 Psyché, par Maurin; Portrait de Mme Pasta, par Belliard: ces deux Epreuves *sur papier de Chine*. Diverses Têtes d'Etude. 10 pièces lith.

DUFAGET.

233 Diverses Vues de France et d'Angleterre. 9 p. lith.

DUMAS (JULES).

234 Vues des Environs de Paris, d'Orléans, du Havre, etc. 18 pièces lith.

DUPLAT.

235 Quatre Vues des Environs de Paris et autres; plusieurs Paysages d'après Gaspard Poussin. 13 p. lith.

DUPRESSOIR.

236 Vues de Chartres, Vendôme, Châteaudun. 4 p. lith.

ENFANTIN (A.)

237 Etudes de Paysages. 19 pièces lith.

FEUCHÈRE.

238 Diverses Escarmouches de cavalerie. 5 pièces lith.

FOUCAUD (AUGUSTE).

239 Le Silence, d'après An. Carrache; la Fuite des Braconniers, d'après Gaultier; Portrait du grand-duc Constantin; de l'abbé Pâris, curé du Havre; la belle Féronnière, et plusieurs Têtes d'Étude d'après divers maîtres. 14 pièces lith.

FRAGONARD (...), *né à Paris en* 1780.

240 L'Enlèvement de Proserpine, et le Triomphe d'Ariane; le Sacre de Charles X; l'Orage. 4 pièces lithographiées.

241 Psyché offrant des présens à ses Sœurs, et Psyché au tribunal des Grâces; le Récit, et le Combat de la Flute, lith. par Barathier; Rappel de Childéric; Agnès et Charles VII, lith. par Ad. Leroy. En tout, 6 pièces.

GALARD (G. DE), *né à Bordeaux.*

242 Portraits de Jean de Cheverus, arch. de Bordeaux; l'abbé Desmazure, Balguerie, Blache, Bolivard, Moreau-Sainti et sa Femme, plusieurs Caricatures. 16 pièces lith.

GAMBLE (JEAN), *né en Angleterre, vers* 1775 ?

243 Etudes de Chiens de chasse. 10 pièces lith.

GARNEREY (A.), *né à Paris, vers* 1760 ?

244 Le petit Sancho, suite de vingt-quatre proverbes mis

en action, et lithographiés par Garnerey. Chez Noël. In-4.° ; exemplaire colorié.

GÉRICAULT (Théodore-Jean-Louis-André), *né à Rouen, en* 1791.

245 Deux Charges de Cavalerie, par Géricault et Lamy ; deux Études lithographiées par Aubry et Francisque. 4 pièces.

GIRODET-TRIOSON (A.-L.), *né à Montargis en* 1769.

246 Ariane et Érigone, lithogr. par Aubry-Lecomte. 2 pièces.

247 Quatre Sujets de l'Énéide, lithographiés par Aubry-Lecomte. *Epreuve sur pap. de Chine.* 4 pièces.

248 Serment des sept Chefs, lithographié par Aubry-Lecomte. *Epreuve sur papier de Chine.*

249 Le Génie de Pomone, et deux Paysages, Souvenirs des Alpes, etc. *Epr. sur pap. de Chine.* Lithogr. par Chatillon. 5 pièces.

250 Figures académiques, et Sujets divers. 9 pièces lith.

251 Têtes d'Études lithographiées par Chatillon, Monanteuil, Noël, etc. 21 pièces.

252 Grandes Têtes d'Études, lithographiées par Mlle Bes, Dassy, A. Lecomte, Noël, etc. 9 pièces.

253 Portraits de Bonchamps, Cathelineau, Châteaubriant, Delille, Girodet et Descze. 8 pièces lithogr., dont *deux sur pap. de Chine.*

GUÉRARD (C.).

254 Promenades de Morfontaine, 8 pièces. — Promenades d'Ermenonville, 6 pièces. — Vues diverses, Paysages, Médaillons : en tout 33 pièces lithogr.

GUYOT.

255 Études pour le Paysage. 10 pièces lithographiées.

GRANDVILLE.

256 Tribulations de la Journée. 12 pièces lithographiées.

GRENIER (F.).

257 Douze Sujets variés; 1826 : 12 pièces. — Album lithographié; 1827 : 12 pièces. — Une Parade : en tout 25 pièces lithographiées.

GREVEDON (Henry).

258 Françoise de Rimini, d'après Coupin; Vénus et l'Amour, d'apr. Le Corrège; Vénus et les Amours, d'après Millet; Statue de Duquesne : 2 Epr., dont *une sur pap. de Chine*. 5 pièces lithographiées.

259 Portraits de la Reine Marie-Antoinette, M.me Élisabeth; Feutrier, évêque de Beauvais; le Maréchal Duc de Dalmatie, d'après Gérard : *Epr. sur pap. de Chine;* Boïeldieu, Baptiste aîné, M.lle Bourgoin, Goëthe, et M. de Humbolt. 9 p. lithogr.

HUSSARD et HUGUET.

260 Études de Paysages et Fabriques. 18 pièces lithogr.

IMBARD (Étienne-François), *né à Annonay en* 1780.

261 Vues d'Annonay. 10 pièces lithographiées.

JACOTTET (J.).

262 Marines, Vues diverses et Intérieurs. 6 pièces lithogr.

JACQUEMAIN (J.).

263 Vues diverses; Études de Paysages. 20 pièces lithogr.

JAIME.

264 Six Marines, d'après Gudin; Vues diverses, d'après

Ciceri, Thomas et autres; Vues de Paris : en tout 11 pièces lithographiées.

JOLIMONT (T. de), *né à Rouen vers* 1780 ?

265 Tombeaux de Ney et de Labedoyère au cimetière du P. La Chaise. Ces deux pièces manquent ordinairement dans l'ouvrage intitulé : *les Mausolées français*. 2 pièces lithographiées.

266 Monumens les plus remarquables de la ville de Rouen, recueillis, lithograph. et décrits par J.-T. de Jolimont. Paris, 1822, in-folio, en feuilles. *Epreuv. de choix.*

267 Les Mausolées français, par J.-T. de Jolimont. Paris, 1821, un vol. in-4.° cartonné : Epreuves sur papier de Chine. *Complet.*

JOLY (A.)

268 Vallée d'Interlachen, et Vallée de Lauterbrounn.

269 Vues de la Grèce moderne, lithogr. par A. Joly; 1824, 10 pièces.

JUBANI.

270 Vignettes pour orner diverses romances, et un Portrait de F. Lavigne. 30 pièces lithographiées.

LAMY (Eugène), *né à Paris en* 1800.

271 Souvenirs de Londres, 1826, coloriés. 12 pièces. — Six quartiers de Paris. 7 pièces. — Tribulations des gens à équipages. 6 pièces. — Trois autres pièces. En tout, 28 pièces lithographiées.

LANGLACÉ (Charles), *né à Paris en* 1788.

272 Vues diverses. 6 pièces lithogr.

LANGLOIS (C.).

273 Mort de Botzaris; Destruction de Missolonghi, et

l'évêque de Missolonghi donnant la communion aux assiégés; cette dernière pièce d'après Rossignon, par Chrétien. 3 pièces lith.

LAURENT (Jean-Antoine), *né à Bacuera en* 1763.

274 Deux Scènes de Petit Jehan-de-Saintré, et deux Marines. 4 pièces lith.

LEBRUN (Eugène).

275 Vues diverses, et une Étude d'Iphigénie. 6 p. lith.

LECLER (Joseph-Louis-Léonidas), *né à Paris en* 1796.

276 Portraits de Charles X, le Dauphin, le duc d'Orléans, le duc d'Enghien, la duchesse de Berry, et le prince de Talleyrand, etc. 10 pièces lith.

LECOMTE (Hypolite), *né à Puiseaux en* 1781.

277 Scènes champêtres. 15 pièces. — Les petits Voleurs et les petits Gourmands. En tout, 17 pièces lith.

278 Costumes de théâtres, de 1670 à 1820, dédiés à M. le baron de la Ferté, par H. Lecomte. 96 pièces lith. *manque les n.os 33 à 36.*

LECOMTE (Aubry), *né à Nice en* 1797.

279 La Madone de Saint-Sixte, d'après Raphaël. Très-grande pièce lith.

280 Naissance d'Esculape; Rémus et Romulus, d'après Guillon Lethière; *épreuve sur papier de Chine*, d'après Guérin. 2 pièces lith.

281 Maison de Michel-Ange, *épreuve sur papier de Chine;* l'Été, l'Automne, d'après Dejuine; Portrait de Spontini, d'après Guérin; et une Étude, d'après Raphaël. 5 pièces.

282 Portrait du beau Pyrrhus, d'après Fabre; *épreuve sur papier de Chine.* 1 pièce lith.

LEGRAND.

283 Têtes d'Étude, d'après divers maîtres. 15 p. lith.

LEPRINCE (Anne-Xavier), *né à Paris en* 1800.

284 Inconvéniens d'un Voyage en diligence, 1826. 12 pièces lith.

285 Portrait en pied de Chenard. — Scènes familières, etc., par divers. 5 pièces.

LOEILLOT et AUBRY.

286 Costumes militaires, n.os 1 à 20; Études de Chevaux, de Voitures; Scènes militaires, etc. 44 pièces lith.

LUCAS.

287 Vues diverses, Études d'Animaux, 13 pièces lith.

MANSION (Louis-Hippolyte), *né à Paris en* 1804.

288 Trois Portraits, dont celui de M. Boullanger, ancien administrateur des postes.

MARCKE (J. Van).

289 Six Vues dessinées d'après nature aux environs de Paris. — Huit Vues des Maisons royales, d'après J.-F. Robert. — Vues de Paris et autres. En tout, 21 pièces lith.

MARNE (de).

290 Études d'Animaux. 8 pièces lith.

MARTINET (Pierre-Claude), *né à Paris en* 1780.

291 Scènes militaires orientales. 6 pièces lith.

MAURIN (A.).

292 Psyché, d'après Dubufe. *Deux épreuves, dont une sur papier de Chine.*

293 Psyché, d'après Dubufe; Louis XV et M.me de Pompadour, d'après Pinguet; *épreuve sur papier de Chine.* La Mort de Géricault, d'après Scheffer; les Orphelins, d'après Pinguet, et la Sœur de Charité. 5 pièces lith.

294 Portraits de Charles X, le comte de Nantouillet, le duc de Damas-Crux, le comte de Villèle, le comte de Montlosier, M. de Girardin, etc. 12 pièces lith.

295 Portraits des Maréchaux Masséna, Bessières, Ney, Poniatowski, le prince Eugène, Lafayette, Wasinghton, Bolivar, Boyer, etc. 10 pièces lith.

296 Portraits de Jeanne d'Arragon, Charlotte Corday, M.lle George, M.lle Sontag, M.me Pasta, et une jeune Juive. 6 pièces lith.

MAUZAISSE (Jean-Baptiste), *né à Corbeil en* 1784.

297 Portraits de Louis XVII; le prince Eugène, le duc d'Albufera, et Drouais, peintre. 4 pièces lith.

MICHALLON (Achille-Etna), *né à Paris en* 1797?

298 Combat des Centaures et des Lapithes, lithographié par Pic de Léopold et Adam; *épreuve sur papier de Chine.*

MILBERT (J.).

299 Vues de l'Amérique septentrionale. 23 pièces lith.

MOINE (Antonin).

300 L'Enlèvement de Déjanire. Portrait de MM. Delalot,

de la Bourdonnaye, Lafayette, Wasinghton, Boyer, Bolivar, Études et Caricatures. 27 pièces lith.

MONANTEUIL.

301 Têtes d'Études et Figures académiques. 10 pièc. lith.

NASH (F.).

302 Quatre Vues de Paris; une Vue d'Hamstead, etc. 8 pièces lith.

NEGELEN (Joseph-Mathieu), *né à Porentruy en* 1792? et sa femme.

303 Pygmalion et plusieurs Têtes d'études, d'ap. le Titien, Corrège, David et Guérin. 16 pièces lith.

NOEL (Alphonse-Léon), *né à Paris en* 1807.

304 Études de Statues et Figures académiques. 8 p. lith.

305 Portrait d'Anne Boré, veuve Duval, et plusieurs Caricatures. 5 pièces lith.

NOEL (Alexis), *né à Clichy-la-Garenne en* 1819.

306 Vues de Tours. 5 pièces lith.

307 Souvenirs de la Touraine, par A. Noël, peintre, 1824 : complet. 50 pièces lith.

308 Croquis lithographiés, par L. Mesnil, d'après A. Noël, 1824, avec texte. 13 pièces.

OUDART.

309 Études de divers Animaux. 12 pièces lith.

PARMENTIER (H.).

310 Vues des Environs de Paris. 5 pièces lith.

PHILIPON (Charles), *né à Lyon en* 1801, et autres.

311 Scènes familières, Caricatures, etc. 15 pièces lith.

PLANAT.

312 Têtes d'Études, d'après divers Maîtres. 6 pièces lith.

POULLET (Karl).

313 Vues diverses. 4 pièces lith.

RAFFET.

314 Scènes militaires et autres. 12 pièces lithographiées.

315 Histoire de Jean-Jean. 8 pièces lithographiées.

316 Scènes diverses, tirées des Album de 1826 et 1827. 14 pièces lithographiées.

317 Une Bataille au Pérou; autre près de Boston; Communion des Grecs à Missolonghi, etc. 4 pièces lithographiées.

RAMÉE *fils* (D.).

318 Vues de Dinant, Munich, Saltzbourg, etc. 6 pièces lithographiées.

REMOND ET RAYER.

319 Vues de Fleury près Rouen, et autres. 6 pièces lith.

RENOUX ET REVEL.

320 Vues intérieures de divers Monumens. 9 pièces lith.

RULMANN.

321 Etrennes dramatiques, 1825; portraits d'Acteurs avec texte in-4°. 14 pièces lith.

SAUNIER.

322 Divers Animaux près de leurs cabanes. 10 pièces lith.

SCHAAL.

323 Etudes de Paysages d'après nature. 16 pièces lith.

SCHMITZ ET SCHALL.

324 Paysages et Vues diverses. 5 pièces lith.

SCHOEFFER (A.), *né à Dordrecht en* 1795.

325 Le vieux Sergent; Etudes diverses. 7 pièces lith.

326 La Veuve du Soldat, les Enfans égarés, et les Orphelins, par Gérard et Johannot. 3 pièces.

SUDRÉ.

327 Odalisque couchée, d'après Ingre. Lithographie.

SWEBACH.

328 Fantaisies : Sujets militaires, par Ed. Swebach, avec six Nouvelles, par Jal. 6 pièces. — Souvenirs de la Russie, par J. Swebach. 12 pièces. — Les Maquignons. En tout, 19 pièces lith.

THENON et autres.

329 Vues de Provins, etc. 4 pièces lith.

TIRPENNE (J.-L.).

330 Six Paysages, Etudes dessinées d'après nature et lith. 6 pièces.

ULRICH.

331 Etudes de Paysages. 8 pièces lith.

VAUZELLES.

332 Vue du Château de Josselin; quatre Vues du Mont-d'Or; Intérieur d'une Mosquée. 6 pièces lith.

VELLY (C. DE).

333 Quatre Vues du Parc de St.-Cloud. Lith.

VIDAL, DE VÈZE et autres.

334 Diverses Vues intérieures. 12 pièces lith.

VIGNERON (PIERRE-ALEXANDRE), *né à Evri en* 1788.

335 Scènes familières pour Album, et le Portrait du gé-

néral Foy à la tribune : cette dernière pièce *sur papier de Chine.* 5 pièces lith.

336 Portraits de Talma, Dérivis, Garat, Rossini, Montjoie, Armand, Albert; MM.lles Mars, Levert, George, Lacroix, etc. 15 pièces lith.

337 Portraits du duc de La Rochefoucault, du duc d'Albuféra, Montalivet, Camille Jordan, Eug. Beauharnais, Paul Courier, etc. 9 pièces lith.

VILLENEUVE (Vallon de).

338 Scènes familières, d'après divers peintres. 8 pièces lithographiées.

VILLENEUVE (Jules-Louis-Frédéric), *né à Paris en* 1797?

339 Deux Vues de Pierre-Fonts; deux Vues d'Andernach; divers Paysages. 10 pièces lith.

340 Vues du Lac de Nemi, de Grotta-Ferrata, près de Rome; du Pont du Diable sur la Reuss; de la Galerie de Crevola, au Simplon; et de Jung-Frau. 5 pièces lithographiées.

341 Vue du Pont de fer construit à Passy, chez M. Delessert, et Détails de cette construction. 2 pièces *rares*, n'ayant jamais été dans le commerce.

342 Vues de quelques Monumens du département de l'Oise. 8 pièces lithographiées.

VOLMAR (Joseph).

343 Six grandes Chasses lithographiées.

344 Études d'Animaux. 22 pièces.

WATTIER.

345 Un An de la Vie d'une jeune Fille, en dix-sept chapitres, etc. 1824. 17 pièces lithographiées.

OUVRAGES ET RECUEILS DIVERS.

346 Recueil d'Estampes, d'après les Tableaux des Peintres les plus célèbres d'Italie, des Pays-Bas et de France, qui composaient le Cabinet de M. Boyer d'Aguilles; gravé par J. Coelemans. Paris, Basan. 118 planches; cartonné.

347 La Galerie de Florence, les 12 premières livraisons: *belles Epreuves.*

348 La Galerie du Palais-Royal, 26 livraisons.

349 Tableaux de la Révolution, 15 livraisons.

350 La Vie de saint Bruno, ou Collection complette des vingt-deux tableaux peints par Le Sueur, pour le cloître des Chartreux, etc., exécutée en lithographie, avec un texte par M. Miel; publiée par Prosper Laurent. Paris, 1822.

351 Peintures à fresque exécutées à Saint-Sulpice, dans la chapelle Saint-Maurice, par Auguste Vinchon: 6 pièces lithograph., avec texte impr. chez Ballard. Paris, 1823.

352 Pierres gravées antiques, du Cabinet d'Ant.-Marie Zanetti, fils de Jérôme, avec des notes latines par Ant.-Franç. Gori; publiées par Jér.-Franç. Zanetti, fils d'Alexandre. Venise, 1750, in-fol., 80 pièces. *Exempl. mouillé.*

353 Recueil de Proverbes publiés par Lagnet, 101 pièc.: premières et anciennes Epr., mais dont le papier est très-fatigué; 1 vol. in-4°.

Le I.er Livre se compose de 50 n.os; il manque les n.os 1 et 2.

II.e Livre, où sont dépeints les Proverbes joyeux, n.os 1 à 42.

III.e Livre, des Proverbes contenant la Vie des Gueux, n.os 1 à 26.

354 Recueil de Caricatures historiques, dont plusieurs sont devenues rares. 108 pièces lithographiées.

355 Principales Positions du Canonnier dans les manœuvres de l'artillerie française, par le Ch. Mareschal. Lithographié. Paris, 1822, 8 livraisons, *dont une fortement mouillée et déchirée.*

356 Planches pour le Traité théorique et pratique de la Construction des Batteries, par Ravichio de Peretsdorf et A.-P.-F. Nancy : lith. au trait. 23 pièces.

357 Recueil de Chariots, Charrettes, Charrues, et autres Instrumens d'agriculture; gravé au trait. 21 planch. 1 vol. in-4.o cart.

358 Recueil des Planches de l'ouvrage intitulé : Essai sur la Construction des Routes et des Ponts suspendus, etc., extraits et traduits de l'anglais par J. Cordier. Lithographié.

359 Résumé des principes de perspective, par Faray; gr. in-4.o oblong, cartonné.

ÉTUDES ET PRINCIPES DE DESSIN.

360 Recueil de Têtes et de Figures choisies dans les plus beaux Tableaux de Nicolas Poussin : gravé dans le genre du crayon, sous la direction de Couché. Paris, 1806. 42 planches.

361 Têtes d'Études, lithographiées par Lemire, Pariseau, Noël, Le Roi et autres. 60 pièces.

362 Figures académiques, dont quatre des Apôtres, par Mauzaisse, d'après Raphaël, et quelques grandes Têtes d'Études. 15 pièces lithographiées.

363 Académies et Têtes d'Etudes, gravées dans la manière du crayon, par Girard, Bertrand, Badoureau, etc. 19 pièces.

364 Etudes anatomiques du Cheval, par Brunot. Lithog. 16 pièces.

365 Etudes de Chevaux d'équitation et de voltige. 21 pièces lithographiées.

366 Etudes d'Animaux, par différens Maîtres, lithogr. chez Noël: 10 cahiers. 40 pièces.

367 La Ménagerie du Muséum national d'Histoire naturelle, etc.; les figures peintes par Maréchal et grav. par Miger. Paris, 1801, in-fol. cartonné.

367 *bis.* Le même ouvrage, sans texte. 37 pl. coloriées.

367 *ter.* Le même, 37 planches en noir.

368 Etudes de Fleurs et de Fruits, à l'usage des élèves: dessinées d'après nature, par plusieurs Maîtres; chez Noël. 6 cahiers. 24 pièces lithographiées.

369 Paysages divers, Fabriques, Etudes d'Arbres, etc. 84 pièces lithographiées.

HISTOIRE.

370 L'Etat militaire de l'Empire Ottoman, ses progrès et sa décadence, par M. le comte de Marsigli, de l'Académie royale des Sciences, etc., avec fig. La Haye, 1732, 1 vol. in-fol. v. br.

Le texte en français et en italien.

371 Le grand Portefeuille politique, à l'usage des Princes

et des Ministres, etc., en 19 tableaux, par M. Beaufort, employé dans les Misssions des Cours étrangères. Paris, 1789, grand in-fol. broché.

372 Histoire numismatique de la Révolution française, par Henin; 2 vol. in-4.°, cart., dont un de planches.

373 Tableaux chronologiques des Faits d'armes de l'Armée française en Espagne, avec cartes et plans, in-fol. cart.

374 Monument destiné à honorer les Victimes de Quiberon, par Auguste Caristie, 1804, lith. sur papier de Chine. 7 pièces.

375 Faits mémorables de la Vie militaire et privée de l'Empereur, etc. 9 pièces, gravées au lavis, par Allais et Levachez, 1806.

376 La Bataille d'Austerlitz, gravée au lavis par Muller. Une gravure avec texte imprimé.

377 Cérémonies et Fêtes du Sacre et Couronnement de Napoléon, par le Cœur. 7 pièces coloriées, 1807.

378 Six Scènes de la vie de Napoléon; lithographiées par Oct. Tassaert.

379 Cérémonies du Sacre de Charles X, chez Duval et Sazerac; gr. in-f. cart., lith., *pap. de Chine,* avec texte.

380 Recueil de six Vues et de deux Plans topographiques représentant les principales Cérémonies extérieures du Sacre de Charles X, exécuté par ordre de Son Exc. le Ministre de la Guerre, en 1825. Les six Vues sont lithographiées et *sur papier de Chine;* les deux Plans sont gravés et sur papier ordinaire.

PORTRAITS.

381 Princes, Souverains et autres, de France et des pays étrangers. 43 pièces lith.

382 Suite chronologique des Papes, dans des Médaillons ronds, gravée par Rossi. 241 pièces.

383 Portraits de Papes et de Cardinaux, dont : Alexandre VII, par Van Schupen; Innocent XII, par Farjat; les cardinaux de La Valette, de Richelieu, de Barberin, etc. 94 pièces.

384 Suite de Portraits de 27 Papes, publiée par Onuphre Panuini.

385 Pairs de France, antérieurs à la Révolution ou depuis la Restauration, dont : La Rochefoucault, Montmorency, Bonald, Semonville, Talleyrand-Périgord, Doudeauville, Lanjuinais, Pasquier, etc. 26 pièces lithographiées.

386 Députés aux diverses assemblées constituantes ou législatives, dont : Casimir Périer, Benjamin Constant, de Villèle, Delaître, Kœchlin, Royer-Collard. 38 pièces lith.

387 Portrait en pied du Maréchal Ney, après son exécution; gravé au lavis. *Rare.*

388 Portraits des plus célèbres Généraux contemporains de Napoléon. Paris, 1826, chez Chaillou-Potrelle, par Albrier, Grevedon, Trolli, Weber, etc. 12 pièc. lithographiées.

389 Généraux et autres Militaires français, dont Drouot, Gourgaut, Favier, Teste, Mouton-Duvernet, Sébastiani, Montélégier, Thiard, Gérard, Lafayette, Jourdan, etc. 53 pièces lithographiées.

390 Archevêques, Evêques et autres Ecclésiastiques, dont MM. Freyssinous, Cheverus, Besson, de Puis, de Clermont-Tonnerre, l'abbé Fayet, l'abbé de La Mennais, etc. 45 pièces lithographiées.

391 Portraits d'Archevêques, Évêques et autres Ecclésiastiques; Jean-Baptiste et Nicolas Colbert; Henri de Sourdis; Wolfgang et Maximilien, archevêques de Cologne; Charles Gaspard et Lothaire, archev. de Trèves; Philippe, archevêque de Mayence; Jean Desmoulins; saint Vincent de Paul, etc. 99 pièces.

392 Portraits de Cardinaux, Évêques et autres Ecclésiastiques, dont: le cardinal d'Ossat, par Polnis; de La Rochefoucault, par Huret; François de Mailly, arch. de Reims, par Coelmans; saint Vincent de Paul; Du Verger de Haurane, etc., par Grignon, Huret, Vouillemon, Picart, Vermeulen. 31 pièces.

393 Grands Portraits de François de Harlay, archevêque de Paris, par Randon; le cardinal d'Estrées, par Gantrel; Étienne Moreau, évêque de......, par Poilly; Léon Pothier de Gesvres, et Antoine Régnier de Pousse, par Simon. 5 pièces.

394 Dames célèbres, françaises et étrangères, dont madame Campan, Lady Morgan, Diane de Poitiers, la Fornarine, etc. 26 pièces lithographiées.

395 Jurisconsultes français, dont Marchangy, Chauvau-Lagarde, Isambert, Cardonnel, Bernard, etc. 14 pièces lithographiées.

396 Médecins et Naturalistes, dont les docteurs Gall, Dubois, Dupuytren, Cuvier, Leroux, Pinel, Nauche, etc. 24 pièces lithographiées.

397 Savans et Littérateurs, dont Perronet, Euler, Breguet, Brial, Collin-d'Harleville, Ducret-Dumesnil, Soumet, Béranger, Nodier, Favard, La Harpe, Lavigne, Legouvé, Lamartine, Jouy. 43 pièces lithogr.

398 Peintres, Sculpteurs et Musiciens, tant anciens que

modernes, dont Raphaël, Van Dyck, Holbein, Canova, Greuse, Vernet, Bertin, Michalon, Dupaty, David, etc. 26 pièces lithographiées.

399 Acteurs et Actrices des différens théâtres, dont Baptiste aîné, Talma, Firmin, Bernard, Martin, Victor, Lafon, Philippe, Gavaudan; mesdames Dugazon, Duchesnois, Mars, Pasta, Boullanger, Bourgoing, Sontag, Cretu, etc. 50 pièces lithogr.

400 Personnages étrangers, dont Walter Scott, Byron, Boyer, Bolivar, Wasinghton, Mata-Florida, Llorente, Goëthe, J. Bentham, etc. 46 pièces lithogr.

401 Portraits divers. 46 pièces lithographiées.

402 Portraits divers, de grands formats. 17 pièces lithogr.

403 Collection de Portraits gravés au burin, publiés chez Menard et Desenne. 29 pièces.

404 Portraits de Personnages célèbres, gravés au lavis et en couleur; publiés par Drouin. 39 pièces.

405 Portraits de Jacques, prince de Galles; Bossuet; Boileau; Sanderson; Simon, imprimeur : par Edelinck, Faithorne, etc. 15 pièces.

406 Portraits divers, dont : Innocent XII, par Thomassin; Alexandre VII, par Van Schuppen; Monchi d'Hoquincourt, évêque de Verdun, par Grignon; Henri Arnauld, évêque d'Angers, par Landry; Albert de Montmort, évêque de Perpignan, par Trouvain, etc., *tous très-beaux d'épr.* et bien conservés. 11 pièces.

407 Divers Portraits, par Besne, Natalis, Jacques de Neeffs, Halwegh, etc. 10 pièces.

TOPOGRAPHIE.

408 Vues de divers Monumens de Paris et des Environs. 40 pièces lithographiées.

409 Histoire et Description du Palais de Justice, par Smith; in-fol. cart.

410 Description du Canal de Saint-Denis et du Canal Saint-Martin, par M.r R. E. de Villiers, texte in-4.°, et 14 pl. in-fol. Paris, 1827.

411 Album du nouveau Belvue, gravé au lavis par Himely et Salathé, 1826. *Epr. sur pap. de Chine, avec la lettre tracée.* 7 pièces.

412 Vingt-quatre Vues des Bords de la Seine, de la Marne et de l'Oise, dans les environs de Paris; par Goblain et Baugean : gravées à l'eau-forte; in-4.° obl.

413 Vues de Provins, dessinées et lithographiées en 1822, par plusieurs artistes, avec un texte; par M. D. Paris, 1822, 1 vol. in-4.° cart.

414 Vues de diverses Villes de France, dont plusieurs de Rouen, Caen, Gisors, etc. 118 pièces lithogr.

415 Plans et Vues de France, d'Italie et du midi de l'Europe, dont : la Sainte-Chapelle de Paris, par Brebiette; le Jardin des Plantes médicinales, par Ab. Bosse; la Sorbonne et autres édifices, de J. Marot; Marseilles et autres, par La Pointe, etc. 120 pièces.

416 Excursion sur les Côtes de Normandie; in-fol. cart.

417 Notice historique sur l'ancien grand Cimetière d'Orléans; in-4.° cart.

418 Vues pittoresques pour servir à l'histoire de la Vendée; par J.-R. Meliand. 36 pièces.

419 Vues de diverses Villes de France ; plusieurs de Lyon, Dijon, Bordeaux, etc. 61 pièces lithogr.

420 Vues d'Auvergne, par Parmentier ; 1822. 12 pièces lithogr. — Promenade à Royat, par Delorieux. 6 pièces lithographiées.

421 Cartes de départemens, Plans de villes et autres détails topographiques. 27 pièces.

422 Carte des Rivières, Ruisseaux et Rigolles qui fournissent l'eau au canal de communication des mers en Languedoc ; levée et gravée par ordre et aux frais des Etats-généraux de ladite province. Président en iceux, M.gr Arthur Richard Dillon, archevêque de Narbonne ; 1771. 22 feuilles gr. in-fol., demi-reliure.

423 Antiquités de la France, par C. Clerisseau, avec un texte par J.-G. Legrand. Paris, 1804, grand-aigle *pap. vél.*; texte et planches au nombre de 53 : 2 tom. cart., formant le I.er vol. seulement de cet ouvrage ; contenant les Antiquités de Nismes. Le II.e vol. n'a jamais paru.

424 Le même Ouvrage, papier ordinaire, in-folio. 2 tomes cart.

425 Notice sur la Sainte-Baume, publiée par les soins de M. Chevalier, Préfet du Var ; 1822. 9 pièces lith.

426 Voyage à la grande Chartreuse, par Bourgeois, in-fol. cart. 20 lith.

427 Vues de divers Pays étrangers, et particulièrement de Suisse, Savoie et Italie. 75 pièces lithogr.

428 Plans et Vues d'Allemagne, et nord de l'Europe. 97 pièces.

429 Voyage pittoresque autour du Lac de Genève, orné de onze vues et d'une carte. Lithogr. Paris, Gide fils, 1823. *Epr. sur pap. de Chine*, 1 vol. cart.

430 Vues de la Suisse, par Bourgeois ; in-fol. carton.

431 La Suisse, par Eyries; 63 pl. coloriées; chez Gide, in-4.° cart.

432 Voyage pittoresque dans la Vallée de Chamouni ; avec texte, par Raoul Rochetti; in-4.° pap. vél. cart.

433 Un Mois en Suisse, par Hilaire Sazerac; lithogr. par Pingret : in-fol. cart. 40 lith.

434 Souvenirs pittoresques du Rhin, par Arnoud, Bichebois et Deroy; in-4.° cart.

435 Recueil de deux cent soixante-dix Eaux-fortes du Voyage pittoresque de Naples et de Sicile, par l'abbé de Saint-Non.

Cette Collection, formée primitivement par M. de La Fosse, graveur, chargé de la direction du Voyage, contient un grand nombre de pièces où les titres sont écrits au crayon, de la main de l'abbé de Saint-Non : elle avait été reliée ; mais n'étant pas complette, les volumes ont été défaits pour y joindre ce qu'on a trouvé depuis. Il en manque encore quelques-unes ; cependant il serait impossible de former maintenant un semblable recueil, toutes les épreuves étant bien conservées.

436 Recueil de Griffonis de Vues, Paysages, Fragmens antiques, etc.; gravés tant à l'eau-forte qu'au burin; par M. l'abbé de Saint-Non. 312 planch. 1 vol. cart.

437 Vues pittoresques d'Italie, par divers; in-fol. cart. 36 lith.

438 Voyage pittoresque dans le Tyrol, par le Comte de B.; in-fol. cart. 24 fig.

439 Un Mois à Venise, par Forbin et Dejuinne; in-fol. cartonné, *pap. de Chine.*

440 Vues de l'Ile d'Elbe, d'après M. de Forbin, par Fielding; in-fol. cartonné.

441 Itinéraire pittoresque du grand Quartier-général

pendant la guerre de 1823, par Salneuve; in-fol. cartonné. 25 lith.

442 Le Pilote des Iles britanniques, publié d'après les ordres du contre-amiral Decrès, ministre de la marine et des colonies, par le dépôt général de la marine; 1 vol. gr. in-fol. v. rac.

443* Vues de différentes Villes et Châteaux de Russie, tirées de l'Histoire de Russie; par Le Clerc. *Epr. sur satin.* 8 pièces encadrées, dont 4 sous glace.

444 Tableaux historiques de l'Asie, par Klaproth; 2 vol. in-4.° cart., dont un de cartes.

445 Vues et Paysages des régions équinoxiales, par Choris; in-fol. cart.

446 Cartes géographiques, dont: Géographie des Grecs, analysée par Gosselin : en 8 feuilles. — Carte de France, en 111 départemens, par Hérisson. — Partie méridionale de l'Afrique, pour les Voyages de Levaillant. — L'Amérique méridionale, dressée en 1809 par Lapie : en 2 feuilles. — L'Amérique septentrionale, par Mitchel. Paris, 1777 : en 8 feuil. En tout 37 pièces.

447 Dix Cartes géographiques de divers pays, et un plan de Paris collé sur toile.

448 Collection de Catalogues de Ventes d'Estampes, depuis 1797 jusqu'à 1822, tous avec les prix, et parmi lesquels on remarque ceux des Cabinets Basan, Valois, Wouters, Saint-Yves, Alibert, le Duc d'Ursel, Prévost, Rigal, Pallière, Neergard, etc. : environ 90 brochures. Cet article sera divisé.

449 Plusieurs Catalogues de Ventes de Tableaux et Dessins, dont ceux des Collections Robit et Tolozan, la plupart avec les prix : 50 brochures.

450 Un Paquet de Catalogues de Ventes de Livres, dont celui de M. Delatour.

VIGNETTES.

451 Vignettes pour les Contes de La Fontaine; édit. des Fermiers-généraux. 81 pièces in-8°.

452 Vignettes pour l'Histoire des Voyages de La Harpe, d'après les Dessins de Deveria, Adam, etc.; *Epr. avant la lettre et sur papier de Chine.* 61 pièces in-8°.

453 *Idem, avant la lettre, sur pap. vélin.* 61 pièces.

454 *Idem, à l'eau-forte.* 59 pièces. Les deux autres planches n'ont pas été tirées à l'eau-forte.

455*Vignettes pour les Œuvres d'Horace, publiées par Didot, en 1799, in-fol.; gravées d'après les dessins de Percier, par Girardet, Massard, etc. 12 pièces.

456*Vignettes pour les Œuvres de La Fontaine, publiées par Didot, en 1802, in-fol.; gravées d'après les dessins de Percier, par Girardet, Massard et autres. 12 pièces.

457 Vignettes pour les Œuvres de Racine, publiées par M. Didot, in-fol.; *tirage moderne.* 57 pièces.

458 Figures, Vignettes, Lettres grises et Fleurons, tirés des Antiquités d'Herculanum; édit. in-fol. de Naples. 255 pièces.

459 Vignettes et Fleurons pour orner une édition gr. in-4.° du Paradis perdu de Milton, avec le portrait du poète, et une dédicace au prince de Galles; grav. par Jean et Henry Richter. 26 pièces.

460 Recueil de Médailles antiques, dites *spintriennes*, gravé par Saint-Aubin. Ces médailles se placent ordinairement à la suite des Pierres gravées du Cabinet d'Orléans. 7 planches.

461 Recueil de Vignettes pour divers ouvrages.

462 Divers Tableaux de la Galerie du Palais-Royal. *Epr. avant la lettre.* 14 pièces.

463 Figures de Saints et Saintes; lithogr. d'après les tableaux des plus grands Maîtres. 60 pièces.

464 Vignettes de Provost, Le Bas et autres; Vases de Bouchardon; Vases et Autels de Le Pautre; Têtes, d'après Boucher. 92 pièces.

465 Dessins, Croquis et Études de Bas-Reliefs. 50 pièces.

466 Diverses Pièces, au nombre de 74.

467 Figures pour le Voyage de Sparmann en Afrique. 15 planches.

ESTAMPES DIVERSES.

468 Batailles et Combats, dont : Batailles de Malplaquet, de Fontenoy, de Rosback; plusieurs Feuilles de Beaulieu; Blocus de Prague, Batailles de Belgrade et de Zenta, etc. 124 pièces.

469 Recueil de quelques Croquis, parmi lesquels on remarque plusieurs Costumes pour le théâtre, ainsi que quelques Estampes, Portraits et Caricatures. 55 pièc.

470 Anciennes gravures sur bois et en camaïeux, dont : huit d'après Lucas Cranach, deux d'après Albert Durer; d'autres d'après Hans Brosamer, Busing, etc. 23 pièces.

471 Recueil de diverses Pièces gravées à l'eau-forte, par Castiglione, François Vanni, Laurent Lolli, Pierre del Po, Salembeni, Carle Maratti, Paul Farinati, et autres Maîtres italiens. 48 pièces.

472 Recueil de diverses Pièces gravées à l'eau-forte, par

Herman Swanevelt, Corneille Schut et autres Maîtres des Pays-Bas. 10 pièces.

473 Recueil de Pièces grav. à l'eau-forte, par Mich. Corneille, Simon Guilaïn, Auguste Garnier, Dominique Barrière, Brebiette, Vignon, Michel Dorigny, La Hyre, Loir, Tortebat, et autres Maîtres français; *toutes belles épreuves bien conservées.* 46 pièces.

474 Divers sujets de l'Ancien Testament, gravés par différens Maîtres, dont: les Loges de Raphaël, gravées par Chaperon; plusieurs Pièces par de Bruyn, Sadeler, Le Pautre, et un grand nombre gravées sur bois par Bernard de Lyon. 874. pièces.

475 Divers sujets tirés des Actes des Apôtres et de l'Histoire du Nouveau Testament, gravés pour différens ouvrages, la plupart en bois, par Bernard de Lyon. 348 pièces.

476 Figures de Saints et Saintes, par divers Graveurs. 49 pièces.

477 Recueil de Pièces historiques, par divers Graveurs. 31 pièces.

478 Estampes par divers Maîtres.

479 Recueil de diverses Armoiries. 80 pièces.

480 Divers Portefeuilles et Livres blancs.

481 Livres divers.

482 Les articles omis au présent Catalogue seront divisés sous ce n.o

SUPPLEMENT.

PIÈCES D'ÉCRITURES.

ALLAIS et autres.

483 Recueil de divers Modèles d'écritures et Traits de plumes, au nombre de 61 pièces, dont quatre sur vélin; quelques pièces portent le nom de Rossignol, et d'autres celui de Sauvage.

484 Plusieurs Pièces d'écritures, par Poiret, Bruant et autres. 12 pièces sur papier.

ROSSIGNOL.

485 Modèles d'Écritures en coulée et en batarde de divers corps. 7 pièces sur vélin.

486 *Idem.* 5 pièces sur vélin.

GALLEMANT.

487 Modèles d'Ecritures en ronde, coulée et bâtarde de divers corps. 9 pièces sur vélin.

488 *Idem.* 9 pièces sur vélin.

489 *Idem.* 6 pièces sur vélin.

490 *Idem.* 5 pièces sur vélin et une sur papier.

ROLAND.

491 Modèles d'Ecritures en ronde et en coulée de divers corps. 7 pièces sur vélin et une sur papier.

492 *Idem.* 6 pièces sur vélin.

ROCHON et autres.

493 Modèles d'Ecritures en coulée et ronde, de divers corps. 5 pièces sur vélin et une sur papier.

DESSALLES.

494 Modèles d'Ecriture en bâtarde de différens corps. 4 p. sur vélin.

495 Modèles d'Ecriture en coulée de différens corps. 3 p. sur vélin.

496 Modèles d'Ecritures variées sur la même feuille. 3 p. sur vélin.

496 *bis.* Modèles d'Ecriture en ronde de divers corps. 6 pièces sur vélin.

497 *Idem*, 6 pièces sur vélin.

498 *Idem.* 5 pièces sur vélin.

499 *Idem.* 4 pièces sur vélin.

500 Modèles d'une Ecriture *Bâtarde droite*, que l'auteur a créée pour les Enfans de France, auxquels il montrait à écrire. 4 pièces sur vélin.

L'un de ces Modèles porte au bas : *Pour Madame, fille du Roi, ce 2 juillet* 1786.

501 Modèle de la même Ecriture, sur plusieurs corps. 7 pièces sur vélin.

502 Plusieurs Pages de la même *bâtarde droite*, faites, d'après les modèles de M. Dessalles, par S. A. R. Madame la Dauphine, dont le nom se trouve au bas avec les années 1786 et 1787, et par M. le Dauphin, mort à Meudon en 1788.

503 Deux Tableaux d'écriture, contenant des sentences écrites en caractères romains, avec des Vignettes peintes en miniature. 2 pièces sur vélin.

AUTOGRAPHES.

504 Certificat d'un Prix donné le 16 janvier 1662, à Louis de Fabert, fils du Maréchal, par François de Lavallée, supérieur du Collége des Jésuites à Reims.

ROIS, PRINCES, etc.

505 François I.er, Signature au bas d'une Ordonnance sur parchemin, pour le paiement de douze écus d'or au soleil, en date du 13 février 1541.

506 Gaston d'Orléans.

507 Le comte de Nogent, Lettre au lieutenant de police, du 21 septembre 1726.

Le duc de Gesvre, Lettre au duc de Chaulnes.

Le marquis de Paulmy, Lettre avec paraphe à M. Rotisset. 3 pièces.

508 M. de Lally, Lettre du 6 juillet 1764.

M. de Choiseul-Gouffier, Lettre à M. Duval.

Le marquis de Ximenès, Note signée 1815. 3 p.

MINISTRES, etc.

509 J.-B. Colbert, Ordre de sa main à M. de Bolemann, commandant de la Bastille, pour y retenir deux hommes et empêcher leur communication.

510 M. Daligre, Lettre à M. Héraut, 1738.

De Maupou, Lettre au lieutenant de police, 1740. 2 pièces.

511 Ponchartrain, Lettre au lieutenant de police, 1745.

Amelot, Lettre au lieutenant de police, 1742. 2 pièces.

512 Maurepas, Lettre au lieutenant de police, 1745.
Saint Florentin, Lettre au lieutenant de police, 1742. 2 pièces.

513 De Flesselles, Billet sans signature, à M. Orry, 1760.
Machault, Lettre à M. de Sartine, 1764.
Joly de Fleury, Lettre à de Marville. 3 pièces.

514 Regnault Saint-Jean-d'Angélis, Lettre à M. Arnault.
Montalivet, Lettre à Fourcroy.
Duroc, grand-maréchal. 3 pièces.

515 Tronchin, Billet sans signature.

516 Plusieurs Lettres signées Montesquieu, père de l'auteur de l'Esprit des Lois; Labenardière, Barjac, Monglar, de Guiche.

CARDINAUX, ECCLÉSIASTIQUES.

517 Le cardinal de Fleury, Billet sans signature, et sa signature sur une autre Lettre qui n'est pas de sa main, 1732. 2 pièces.

518 Le cardinal de Tencin, Lettre à l'abbé Guillaude, 1741.
Le cardinal de Rohan. 2 pièces.

519 Le cardinal Fesch, Lettre à M. Champagne, an XI.
Le cardinal de Bausset, Lettre à M. Fontane, 1816.

520 Armand-Jean Le Bouthillier de Rancé, abbé de la Trappe, Lettre à M. Gerbais, 1693.

521 Languet de Gergy, curé de Saint-Sulpice, Récépissé de 1729.

522 L'abbé Langlet Dufresnoy, Lettre à M. Héraut, 1749.

L'abbé Gallois, docteur en Sorbonne, Lettre à M. l'abbé Baluze, 1699.

L'abbé Sicard, Lettre à M. Duvivier, graveur. 3 pièces.

DAMES.

523 La princesse d'Armagnac, Lettre à M. Hérault, 1726.

La duchesse d'Aiguillon, Lettre à M. Hérault. 2 pièces.

524 Fanny Beauharnais, Lettre à Fourcroy, an XIII.

De Renneville, Note de sa main, sans signature.

Sophie Giacomelli, Lettre de 1813. 3 pièces.

SAVANS.

525 Montucla, auteur de l'Histoire des Mathématiques, Lettre de 1780.

526 Lalande, astronome, Lettre à M. Le Breton.

527 Anquetil, Dédicace de son Histoire de France à l'empereur Napoléon.

528 Berthollet, Lettre à Fourcroy, 1807.

Fourcroy, Lettre à la Commission d'instruction publique, an III. 2 pièces.

529 Delambre, Lettre à Fontane, 1813.

Lacépède, Lettre à Jansen, an XI. 2 pièces

530 Haüy, minéralogiste, Lettre à M. Délicert, 1807.

Dupont de Nemours, Lettre de l'an VIII. 2 p.

531 Ameilhon, Lettre à M. Jacquemont, an VI.

Langlès, Lettre à M. Le Breton, an IV.

Millin, Lettre de 1815. 3 pièces.

Visconti, antiquaire, Lettre de sa main et signée.

532 Petit Radel, médecin, Note de sa main, et signée.

Barbier, bibliothécaire, Note de sa main et signée.

Mauperché, Lettre de 1820. 3 pièces.

LITTÉRATEURS.

533 La Beaumelle, Lettre au lieutenant de police, 1758.

534 Palissot, Note de sa main et signée.

Montjoye, auteur de l'Ami du Roi, Lettre au duc de......, 1814.

Bernardin-de-Saint-Pierre, Lettre à Fourcroy, 1808.

De Wailly, traducteur d'Horace, Note de sa main avec sa signature.

535 Ginguené, Note de sa main avec sa signature, an III.

Le Breton, Note de sa main avec paraphe, 1813.

Suard, Lettre à......, sans date.

536 Fontanes, Lettre à M. Gauthier, 1807.

Le Gouvé, Lettre à Fourcroy, pour le remercier de la Chaire de poésie latine.

Treneuil, Lettre à M. de La Folie, 1816.

537 Sonnets italiens au nombre de vingt-un, attribués à l'Arétin; le tout est copié de la main même de Mariette.

Cette Copie des Sonnets de l'Arétin est précédée de la Copie d'une Lettre de Buonamici à M. de La Martellière, dans laquelle l'auteur démontre que sur les vingt Sonnets, seize seulement doivent être regardés comme étant de ce célèbre poète.

Quoique M. Mariette, dans la note qui est au bas de la lettre, prétende que le livre original se trouvait à Paris en 1730, et qu'il parut ensuite en Allemagne; quoique le nombre seize des Sonnets numérotés s'accorde avec le nombre des figures obscènes qu'on a prétendu gravées par Marc-Antoine; il est permis de douter de l'existence du livre et des gravures. Cependant, Magnin de Marolle, dans son Manuel biographique, assure qu'il a existé un livre in-12, sans lieu d'impression et sans années; mais ce livre, dans lequel il n'y avait que seize Sonnets, est aussi inconnu que les seize figures qui devaient s'y trouver, dont chacun parle, sans qu'elles aient jamais été vues ni par Mariette ni par Heineken, ni par aucun autre.

538 Catalogue d'un Œuvre de Titien, en deux volumes; petit Cahier d'une très-belle écriture, qui paraît être de la fin du XVII siècle, et de Hollande.

539 Suite uniforme et manuscrite de Catalogues raisonnés des principaux Peintres et Graveurs de tous les siècles et de tous les pays, presque tous de la main même de P.-J. Mariette; quelques-uns de ces Catalogues sont précédés d'une Notice biographique sur l'artiste.

Cette Collection, extrêmement curieuse, est le résultat des connaissances de trois générations, P.-J. Mariette, le dernier mort, ayant profité des renseignemens que lui avaient laissés son père et son aïeul. Elle est contenue dans dix portefeuilles in-fol., à dos de maroquin rouge, et un onzième plus petit, où se trouvent quelques Notes et Anecdotes à placer aux articles auxquels ils appartiennent.

540 Biographie de plusieurs Peintres Flamands et Hollandais, de la main de Pierre-Jean Mariette, manuscrit in-4.° de 87 pages.

ARTISTES.

541 Notes sur différens Artistes, toutes de la main de P.-J. Mariette. 27 pièces.

542 Un Portrait d'Israël Van Mecheln, dessiné à la mine de plomb par Coypel, d'après l'estampe de Mecheln, n.° 1 de Bartsch, avec une note de la main de P.-J. Mariette.

543 Un Portrait dessiné à la mine de plomb, d'après une estampe gravée en 1624, par J.-B. Constantin, avec une Note de la main de P.-J. Mariette.

544 Portrait de Balechou, dessiné à la mine de plomb, par Laulne, avec l'Extrait de naissance et une Note biographique sur Balechou, de la main de P.-J. Mariette. 3 pièces.

545 Epitaphes de Callot et de sa famille, sa Généalogie, Lettres et Notes ayant rapport à ce célèbre graveur. 13 pièces.

546 Une Lettre de la main de Stella, adressée à Langlois, marchand d'estampes : en marge se voit un Croquis allégorique. Une pièce.

547 Quittance de 100 livres, de la main de Le Sueur, pour un tableau d'autel à la chapelle de la Magdeleine.

548 Une Lettre de la main de La Belle, probablement adressée à Langlois, marchand d'estampes.

549 Lettre de la main de Mellan, adressée à Langlois, marchand d'estampes, ainsi que son Extrait de naissance et une autre Lettre. 3 pièces.

550 Autre Lettre de Mellan, adressée à Langlois, march. d'estampes. Une pièce.

551 Lettres de La Belle et de Mellan. 2 pièces.

552 Une Lettre de La Belle; un Marché relatif à une copie du parallèle de l'architecture de Fréart de Chambrai, signé Pierre Mariette et Jean Marot; une Signature de Jean Asselin dit Crabbetje, et une de P. Mariette sur une double feuille de papier de Chine, qui a servi de doublure à un portrait de ce peintre, par Rembrandt, n.° 277 de Bartsch. 3 pièc.

553 Deux Lettres, l'une de La Belle, l'autre de Collignon, et plusieurs notes de comptes qui paraissent avoir eu lieu entre ces deux graveurs. 5 pièces.

554 Lettre de Gori et une Pièce aussi de sa main, dans laquelle il donne des renseignemens sur les deux Paix gravées à Florence, par Finiguerra, en 1452 et 1455.

Ces deux pièces sont sans doute adressées à Gaburi, qui les envoya à P.-J. Mariette avec un dessin (*).

555 Une Lettre de la main de J.-R. Fuessli, et deux autres signées, l'une de Heineken, l'autre du Card. Passionei, probablement adressées à P.-J. Mariette. 3 pièces.

556 Plusieurs Pièces et Notes relatives aux arts : l'une est de la main de La Belle, d'autres sont de P.-J. Mariette. 11 pièces.

557 Deux Madrigaux relatifs au portrait de Louis XIV dessiné par Nanteuil en 1672; plus, une Copie du Brevet de l'Académie de Saint-Ferdinand, pour M. Ingouf, graveur. 3 pièces imprimées.

558 Vien, Lettre à son beau-frère, 1781.

(*) Voyez *Essai sur les Nielles*, par Duchesne aîné, et *Materiali, etc.*, par Zani, p. 12 et 126.

559 David, Certificat de civisme, an II.

560 Vincent, Lettre à M. Le Breton, an IV.
Suvée, Lettre à M. Halatel, an XI. 2 pièces.

561 Girodet, Certificat de capacité, an V.

562 Dejoux, Lettre à M. Denon, an XII.
Pajou, Lettre à M. Le Breton, an III.
De Seine, Lettre à M. Amaury-Duval, an VI, 3 pièces.

563 Moitte, Lettre de 1807.
Fragonard, sculpteur, 1819.
Dufourny, Lettre à M. Amaury-Duval, 1807. 3 pièces.

564 Méhul, Lettre sans date.
Grétry, Lettre de l'an V.
Noverre, Copie d'une Lettre de M. Amelot, relative à M. Noverre, et de sa main, sans signature. 3 pièces.

FIN.

TABLE ALPHABETIQUE.

FIN DE LA TABLE.

De l'Imprimerie d'AD. MOËSSARD, rue de Furstemberg, n.° 8, Abbaye Saint-Germain-des-Prés.

www.ingramcontent.com/pod-product-compliance
Ingram Content Group UK Ltd.
Pitfield, Milton Keynes, MK11 3LW, UK
UKHW031937260826
14628UKWH00004B/1680

9 782019 143169